BASICS

STADTANALYSE

\\ GERRIT SCHWALBACH

BASICS
STADTANALYSE

BIRKHÄUSER
BASEL · BOSTON · BERLIN

INHALTSVERZEICHNIS

VORWORT

Die Beschäftigung mit bestehenden Stadtstrukturen ist eine wesentliche Aufgabe der gegenwärtigen Stadtplanung. Dabei werden die vielfältigen gesellschaftlichen, geschichtlichen und baukulturellen Einflüsse betrachtet. Oftmals enthalten Städte und ihre Stadtviertel Spuren vieler Generationen und ihrer Denkweisen. In der Überlagerung dieser vielen Einflussgrößen wird das Typische eines Stadtquartiers wirksam.

Die Analyse der Mechanismen, die zum Entstehen der Eigenart eines Stadtquartiers beigetragen haben, die Erfassung des großräumigen Kontextes sowie das Aufzeigen von städtebaulichen Missständen und Fehlentwicklungen ist eine wesentliche Grundlage zur langfristigen Sicherung und Weiterentwicklung bestehender Stadtquartiere. So ist die Stadtanalyse Basis jeder städtebaulichen Tätigkeit. Auch bei der Realisierung konkreter Bauprojekte liefert sie die Grundlage für den bewussten Umgang mit der städtebaulichen Umgebungssituation.

Die *Basics* zum Städtebau vermitteln Studenten des Städtebaus und der Architektur Grundlagen und Methoden zum praxisnahen Arbeiten im städtischen Kontext. Ergänzend zum *Basics Stadtbausteine*, das die einzelnen Elemente des städtischen Gefüges vorstellt, wird im vorliegenden Band die Herangehensweise zur Analyse bestehender Stadtstrukturen sowie deren Eigenarten vorgestellt. Schwerpunkte sind dabei die Vermittlung der inhaltlichen Vorbereitung und Durchführung von Stadtanalysen, der Umgang mit Daten und Informationsquellen sowie die konkrete Arbeit im Analysegebiet. Der Autor stellt Analysemethoden aus seiner eigenen Praxiserfahrung vor, zeigt Möglichkeiten der Dokumentation von Analyseergebnissen und gibt einen Überblick über daraus folgende Handlungsschritte. So präsentiert das *Basics Stadtanalyse* den Studenten eine wertvolle Kombination aus methodischen Vorgehensweisen und Praxiswissen, die nicht nur für das Studium, sondern auch für die spätere berufliche Praxis hilfreich ist.

Bert Bielefeld, Herausgeber

EINLEITUNG

Stadtanalyse
und
Stadtplanung

Jede städtische Planung macht eine Analyse des Betrachtungsgebiets erforderlich, sie ist die Grundlage und Begründung jeder städtebaulichen Maßnahme. Die Stadtanalyse erfasst bereits vorhandene Stadträume und ist somit eine Vorstufe der Stadtplanungen im Bereich bestehender Städte.

Vor allem in Europa befasst sich Stadtplanung immer weniger mit der Bestimmung quantitativer Zuwächse, sondern zunehmend mit der Pflege und der Anpassung bestehender Stadtstrukturen. Dieser Paradigmenwechsel macht eine intensive Auseinandersetzung mit den bestehenden Stadtstrukturen erforderlich. Grundsätzlich stellt sich aber die Frage, ob die Weiterentwicklung bestehender Städte tatsächlich planbar ist und ob städtische Entwicklungen durch Analyse der Ausgangsbedingungen vorauszubestimmen sind. > Abb. 1

Schon lange bestimmt die Stadtplanung durch Auswertung bestimmter Messgrößen die zukünftigen Ansprüche an den Stadtraum. Besonders

Abb.1:
Stadtplanungen im Bereich gewachsener Stadtstrukturen machen gründliche Stadtanalysen erforderlich.

intensiv wird dieser Ansatz seit Anfang des 20. Jahrhunderts vertreten, weil viele Städte während der industriellen Revolution nahezu ungeplant wuchsen und deshalb in den Augen von Experten funktionale Defizite aufweisen. Besonders in den 1960er Jahren wurde dieser planerische Ansatz intensiv vertreten, weil nunmehr mit Aufkommen des Computers eine umfängliche Datenverarbeitung möglich war und somit eine genaue Vorausplanung städtischer Entwicklungen realisierbar schien. Parallel dazu veränderte sich auch das Rollenverständnis des Stadtplaners: Er war nicht länger der aller Kritik enthobene Stadtbaumeister, sondern ein rational arbeitender Ingenieur, der eine genaue Diagnose der Stadt vornimmt und anschließend planerische Maßnahmen für deren Entwicklung bestimmt. Dennoch sind alle Versuche einer exakten Vorausbestimmung von Stadtentwicklungen gescheitert. Heute glaubt man, dass städtische Entwicklungsprozesse viel zu komplex und widersprüchlich sind, als dass sie in ihrer Gesamtheit erfasst und fortgeschrieben werden können. Trotz dieses Eingeständnisses sind Stadtplanung und Stadtanalyse unverzichtbar geblieben – nur dass sie Stadtentwicklungen nicht bis ins Detail vorausplanen, sondern vielmehr planerische Voraussetzungen zur Integration vieler Einzelentwicklungen bereitstellen. In der zunehmend bestandsorientierten Stadtplanung kommt der Stadtanalyse dabei eine Schlüsselrolle zu: Nur wenn bestehende Stadtstrukturen beobachtet werden, lassen sich Handlungsbedarfe erkennen und entsprechende Maßnahmen zur Stabilisierung einleiten. Stadtanalyse geht Stadtplanung nicht in einem abgeschlossenen Prozess voraus, vielmehr sind beide Elemente in einem fortlaufenden Prozess. › Abb. 2

Stadtanalyse

Stadtanalyse ist die Beschreibung und Analyse ganzer Städte oder städtischer Teilräume hinsichtlich bestimmter, stadtplanerisch relevanter Kriterien. Dabei werden verschiedene ästhetische, räumliche, soziale und ökonomische Belange auf unterschiedlichen Maßstabsebenen erfasst und wiedergegeben. Nachfolgend werden Wechselwirkungen zwischen diesen Wirkgrößen beschrieben. Das Zusammenspiel aller Wirkgrößen lässt sich jedoch weder erfassen noch beschreiben, da die Wechselwirkungen zwischen gebauter Stadt und den Benutzern der Stadt ein sich gegenseitig beeinflussendes System sind. Damit beschränkt sich Stadtanalyse auf abstrakte oder modellhafte Interpretationen der Stadt bzw. ihrer Teilräume. › Abb. 3

Städte werden von den verschiedenen Akteuren in der Regel sehr unterschiedlich wahrgenommen. Aspekte wie die emotionale Bindung der Bewohner an ihr Stadtquartier oder deren Einbindung in quartiersbezogene Milieus sind für außenstehende Akteure sehr schwer erfassbar. Umgekehrt können beispielsweise stadtgestalterische Defizite für die Bewohner eines Stadtteils untergeordnete Bedeutung haben. In der Stadtplanung führen unterschiedliche Wahrnehmungen und Bewertungen der Stadt regelmäßig

Abb.2:
In gewachsenen Stadtstrukturen überlagern sich vielfältige Einzelentwicklungen.

Abb.3:
Stadtanalysen geben die Stadt nicht in ihrer Gesamtheit wieder.

Abb.4:
Städte können sehr unterschiedlich wahrgenommen werden.

zu schwerwiegenden Konflikten zwischen Stadtplanern und den Bewohnern bzw. Benutzern der Stadt. Diese Konflikte sind zunächst unvermeid-
lich, bieten jedoch bei entsprechender Bearbeitung Chancen für ein tiefer
gehendes Verständnis der Situation innerhalb des Betrachtungsraums:
Während den Bewohnern Gelegenheit zum Blick über den Tellerrand des
Stadtquartiers geboten wird, erhalten die Stadtplaner Einblick in die sozialen Mechanismen des Quartiers. › Abb. 4

Stadtanalysen können Bestandteil formeller Planverfahren sein.
Auch bei öffentlichen Förderprogrammen oder Verfahren der Stadtsa-
nierung und -erneuerung können konkrete Anforderungen bezüglich der
Durchführung von Stadtanalysen eingefordert werden. Im Regelfall ist die
Durchführung von Stadtanalysen jedoch nicht standardisiert, d.h., Maßstab und Detaillierungsgrad müssen jeweils situationsbezogen festgelegt
werden.

THEORETISCHE GRUNDLAGEN DER STADTANALYSE

Stadt lässt sich als sinnlich wahrnehmbares Raumphänomen darstellen, ohne dass genaue Wirkgrößen für dessen Entstehen analysiert
und beschrieben werden. Umgekehrt kann Stadt als Wirkungsfeld wissenschaftlich messbarer Einflussgrößen angesehen werden, ohne dass deren
räumliche Dimension Berücksichtigung findet. Stadtanalysen verfolgen
in der Regel keine dieser beiden Extrempositionen, vielmehr beschreiben
sie Stadt als Zusammenspiel unterschiedlicher Wirkgrößen sowie deren
räumliche Auswirkungen. Primärer Zugang ist in der Regel die sinnlich
wahrnehmbare Stadt, d. h., Stadtanalysen kommen ohne Bezug auf sinnlich
wahrnehmbare Phänomene nicht aus.

ÄSTHETISCHE BETRACHTUNG: DIE SICHTBARE STADT

> 🗎

Ein wesentlicher Bestandteil der Stadtanalyse beruht auf der visu-
ellen Wahrnehmung der Stadt, also auf der Aufnahme und Interpretation
bildhaft wahrgenommener Stadtstrukturen. Die Wahrnehmung der Stadt
geschieht in der Regel, ohne dass man sich der Mechanismen dieser Wahrnehmung bewusst ist. Damit sind Wahrnehmung und Beschreibung der
Stadt unmittelbar aneinandergekoppelt.

Wahrnehmung ist ein erlernter Kommunikationsprozess und bedeutet in diesem Zusammenhang die Verständigung über bildhaft Erkanntes.
Verständigen kann man sich nur über Phänomene, die man vorher erkannt
hat. Dieses Erkennen vollzieht sich durch Abstraktion eines oder mehrerer
wiederkehrender Merkmale, die vorab erlernt und damit bekannt sind. Individuelle Merkmale können variieren und sich verändern, die allgemeinen
Merkmale müssen jedoch konstant bleiben, sonst kann ein Phänomen nicht
erkannt werden.

Kommunikation strukturiert unsere Umwelt: Mit der Übernahme
eingeführter Bezeichnungen nehmen wir unsere Umwelt unbewusst durch
ein Muster wahr. Dieses ist wiederum Voraussetzung, um wahrnehmen zu
können. In diesem Sinne leiten die menschlichen Sinnesorgane keineswegs
alle einfallenden Reize zum Gehirn weiter, sie wählen vielmehr aus der

---

🗎
\\ Hinweis:
Ästhetik (gr. *aísthesis*: Wahrnehmung) ist
ursprünglich die Lehre vom Schönen. In der Wissenschaft wird Ästhetik zur Auseinandersetzung
mit allen Mechanismen der menschlichen Wahrnehmung erweitert.

Abb.5:
In der Sprache ist die Struktur
unserer Wahrnehmung angelegt.

Fülle der Angebote aus und klassifizieren diese. Sie leisten eine Daten-
verdichtung, indem sie wie ein Filter aus der Vielfalt der Sinnesangebote
auswählen.

Der Prozess der Begriffsbestimmung wird nicht individuell erlernt,
vielmehr wird er als Sprache kulturell fixiert und als kollektives Gedächt-
nis weitergegeben. In der Sprache ist die Struktur unserer Wahrnehmung
angelegt. Gemäß sprachlichen Linien ist definiert, welche Differenzierungen (Selektion) und Zusammenhänge (Konstruktion) in unserer gegen-
ständlichen Umwelt wahrgenommen, bewertet und interpretiert werden.
Dieser Mechanismus funktioniert weitestgehend unbewusst, daher fällt
die Vorstellung schwer, dass Menschen – je nach Erfahrung und Gewohn-
heit – unterschiedliche Wahrnehmungen der Umwelt haben können. › Abb. 5

Viele Bezeichnungen sind in der Lage, auch sehr unterschiedliche
Erscheinungen innerhalb der Stadt in einem Begriff zu integrieren. Dieses
Phänomen lässt sich mit der Wahrnehmung des menschlichen Gesichts vergleichen: Man erinnert sich nicht an die Summe der Einzelerscheinungen,
vielmehr prägt sich das Zusammenspiel der Einzelerscheinungen als Ge-
samteindruck ein. Ähnlich diesem Beispiel greifen wir bei der Wahrnehmung einer Stadt auf viele bereits geläufige Muster zurück. So erwarten
wir in der Stadtmitte beispielsweise einen Platz, eine historische Kirche
oder ein historisches Rathaus. Tatsächlich sind diese kognitiven Muster
eine in der Realität nur selten existierende Idealkomposition. In der Realität stellen sich Stadtmitten vielmehr als Mischung unendlich vieler Phänomene dar. Gleichwohl werden mit Kenntnis eines bekannten Musters genau
diese Teile aus der Gesamtbetrachtung herausgegriffen, die das bekannte

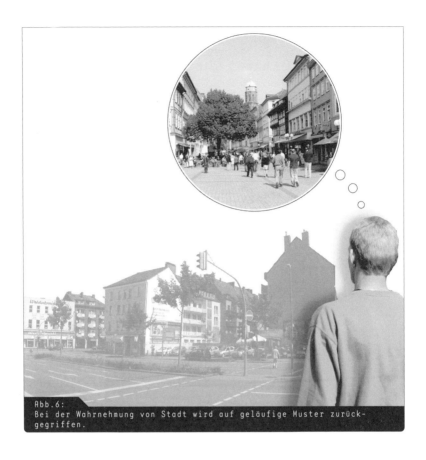

Schema bestätigen. Gleichzeitig werden Teile, die diesem Muster nicht ent-
sprechen, im Zuge des Wahrnehmungsvorgangs unterdrückt. Nehmen diese
Teile überhand, ist in unserem Beispiel die Innenstadt als solche nicht
wahrnehmbar. > Abb. 6 und 7

Es werden folglich nur solche Phänomene erkannt und beschrieben, deren Abstraktion auf bereits Bekanntem beruht. Oder anders ausgedrückt: Man nimmt nur solche Phänomene wahr, die man auch erwartet. Da
Wahrnehmung ein kulturelles Phänomen ist, können städtische Strukturen
von Menschen mit unterschiedlichem kulturellen Hintergrund sehr unterschiedlich wahrgenommen werden.

Die Stadtanalyse kann bekannte Wahrnehmungsmuster bestätigen,
indem sie Phänomene als besonders typisch herausstellt. Die Stadtanalyse
kann aber auch Hilfestellung zum Erkennen neuer Phänomene oder Zusammenhänge geben, indem sie erläutert, welche Spielregeln deren Wahrnehmung bestimmt.

Abb.7:
Autobahntafel Chemnitz: Touristische Motive sind in der Regel eine
in der Realität nicht existierende Idealkomposition.

WISSENSCHAFTLICHE BETRACHTUNG: DIE UNSICHTBARE STADT

Die ästhetische Wahrnehmung der Stadt bedingt das Zusammenwirken vieler Einzelerscheinungen. Wissenschaftliche Methoden analysieren hingegen Teilaspekte, die keinen Anspruch auf eine Gesamterklärung des Phänomens Stadt erheben. Je kleiner der betrachtete Ausschnitt ist, umso präziser kann er beschrieben werden. Die Wissenschaft liefert damit Erklärungen für Phänomene, die außerhalb der durch Wahrnehmung gewonnenen Struktur liegen oder sinnlich nicht wahrnehmbar sind: Was durch Wahrnehmung zusammengefasst wird, wird in der Wissenschaft zerlegt. So können Eigenarten eines Stadtteils z.B. durch Bestimmung demografischer Merkmale der Einwohner beschrieben werden, ohne dass diese Phänomene sinnlich wahrnehmbar sind. › Abb. 8

Definierte Wirkgrößen

Wissenschaftliche Stadtanalysen basieren auf der Erfassung und Interpretation definierter Wirkgrößen. Eine Interpretation der Messergebnisse erfolgt in der Regel durch Vergleich mit Messergebnissen, die durch Auswertung anderer Erhebungs- oder Zeiträume gewonnen wurden. Eine typische Anwendung ist die Analyse statistischer Daten, wie z.B. Alter oder Erwerbsstatus der Einwohner. Das Zusammenwirken aller Wirkgrößen im städtischen Raum kann wissenschaftlich nicht ermittelt werden. Einzelne Aspekte können jedoch sehr präzise beschrieben werden, weil genaue Mess- und Vergleichsgrößen zur Verfügung stehen.

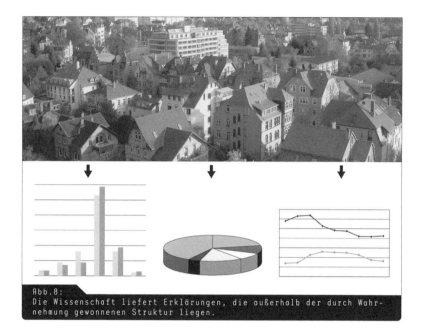

Abb. 8:
Die Wissenschaft liefert Erklärungen, die außerhalb der durch Wahrnehmung gewonnenen Struktur liegen.

INTEGRATIVE BETRACHTUNG: DIE LOGISCHE STADT
Morphologische Beschreibung

Stadtmorphologie beschreibt die räumlichen Eigenarten von Stadt-
strukturen und erklärt die Bedingungen und Ursachen für deren Entstehen.
Ursachen können z. B. kulturelle, politische oder topografische Rahmen-
bedingungen sein. Damit folgt Stadtmorphologie häufig einem Ursache-
Folge-Schema: Bestimmte Rahmenbedingungen führen zu spezifischen
Raumstrukturen.

Intensiv beschäftigt sich die Stadtmorphologie mit der Analyse historischer Stadtgrundrisse, also der Verteilung von Straßen und Gebäude-
parzellen. Meist wird grundlegend zwischen geplanten und nicht geplanten
bzw. gewachsenen Städten unterschieden. Weitere Kriterien sind Dichte
und Verteilung der Gebäude, Lage und Hierarchie von Straßen und Plätzen,
Proportionen zwischen Bebauung und Freiraum sowie Lage bedeutender

\\ Hinweis:
Morphologie ist die Wissenschaft von den Formen
und Gestalten, Stadtmorphologie befasst sich
mit den Stadt- und Siedlungsformen sowie deren
Formungsprozessen.

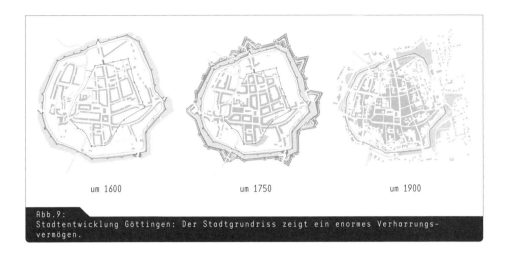

um 1600   um 1750   um 1900

Abb.9:
Stadtentwicklung Göttingen: Der Stadtgrundriss zeigt ein enormes Verharrungsvermögen.

Gebäude im Stadtgrundriss. Häufig werden aber auch einzelne Strukturmerkmale analysiert, wie z. B.:

_ Bebauungsstruktur: Einzelgebäude, Baublock und Reihe
_ Erschließungsstruktur: Straße, Anger, Platz und Brücken
_ Freiraumstruktur: Freiraum und Gewässer

Während einzelne Gebäude vergleichsweise kurzlebig sind, verändern sich Stadtgrundrisse in der Regel sehr langsam. Besonders Straßen-
parzellen haben ein enormes Verharrungsvermögen. Historische Städte
enthalten damit Spuren unterschiedlicher Zeitepochen: Während Straßen-
führungen häufig aus der Zeit der Stadtgründung stammen, ist ein Großteil der Gebäude bereits mehrfach ausgetauscht oder überformt worden.
In einer Stadt überlagern sich also Spuren aus vielen Entstehungszeiten
und unterschiedlichen Rahmenbedingungen. Innerhalb einer Stadt können
somit mehrere Erklärungsansätze im Sinne einer morphologischen Stadtanalyse geliefert werden. › Abb. 9

\\ Hinweis:
Im Zuge einer stadtmorphologischen Analyse kann
die dem Untersuchungsgebiet zugrunde liegende
Logik geliefert werden, weil Bedingungen und
Ursachen für die räumliche Eigenart des Unter-
suchungsgebiets ermittelt werden.

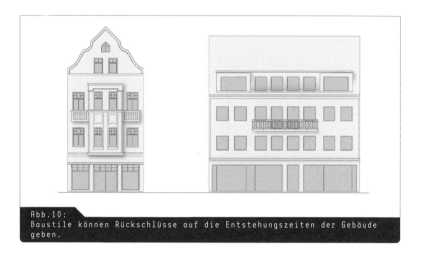

Baustilanalyse

Die Baustilanalyse vergleicht die formale Beschaffenheit von Gebäuden und Stadtstrukturen in bestimmten Zeitepochen (Zeitstil), Regionen (Regionalstil) oder bestimmter kultureller Anschauungen. In seltenen Fällen haben einzelne Architekten oder Stadtbaumeister eigene Stile hervorgebracht, die für eine Stadt prägend sind. Stil ist immer das Resultat kulturell tätiger Menschen. Er ist nicht die primäre, raumbildende Kraft, sondern vielmehr eine intellektuelle, formale Variation tradierter Bauerfahrungen.

Stilkunde verzichtet oftmals auf eine Begründung der Entstehung bestimmter Stile. Gleichwohl lassen sich Stile häufig mit bestimmten Weltanschauungen oder Bautechnologien erklären. Damit weist Stil über den Begriff der Dekoration hinaus.

Durch Analyse des Stils können oftmals Rückschlüsse auf das Entstehungsalter von Gebäuden und Stadtstrukturen gezogen werden. Aber nicht jede Zeitepoche hat exklusive Stilrichtungen hervorgebracht, vielmehr kamen häufig mehrere Stilrichtungen gleichzeitig zur Anwendung, oder aber Stilepochen hatten lange Übergangsphasen. Eine Zuordnung von Stil und Entstehungszeit wird häufig durch Überformung historischer Gebäude und Veränderungen des Stadtgrundrisses erschwert, deshalb schließen Stilanalysen im Regelfall gründliche historische Analysen ein. > Abb. 10

Analyse von Gebrauchsmustern

Meistens beschreiben Analysemethoden Stadtstrukturen als Folgewirkung anderer Rahmenbedingungen: Soziale, klimatische, ökonomische oder kulturelle Bedingungen sind demnach Ursache bestimmter räumlicher

Abb.11:
Auch bei unterschiedlicher Gestaltung …

Abb.12:
… ist das Gebrauchsmuster Hauseingang von allen Benutzern lesbar.

Stadtstrukturen. Bei der Analyse von Gebrauchsmustern wird davon ausgegangen, dass soziale und kulturelle Aktivitäten nicht nur räumliche Strukturen hervorbringen, sondern dass umgekehrt räumliche Strukturen Auswirkungen auf das soziale und kulturelle Verhalten haben. Man kann auch sagen: Räumliche Strukturen wirken wie ein Katalysator auf die soziale Aktivität der Raumbenutzer.

Lesbarkeit der Raumstrukturen
Das an räumliche Strukturen gebundene soziale Verhalten ist nicht angeboren, es wird vielmehr wie eine Sprache erlernt und ist in kulturelle Kontexte eingebunden. Bei Eingriffen in die räumlichen Strukturen muss deshalb die Lesbarkeit der Raumstrukturen erhalten bleiben, sonst wird die Wechselwirkung von Raum und Verhalten gestört.

Ein wichtiges Gebrauchsmuster-Schema der Stadt ist die Ausformulierung öffentlicher und privater Räume. Durch ein differenziertes Repertoire räumlicher Strukturmerkmale wird codiert, wann ein Raum in der Stadt öffentlich und wann er privat ist. Ein Platz mit einem mittigen Denkmal und anliegenden Ladenlokalen signalisiert beispielsweise, dass dieser Platz öffentlich ist. › Abb. 11 und 12

Koppelungen sozialer Verhaltensweisen an bestimmte Raumstrukturen sind sehr langlebig, gleichwohl können neue Gebrauchsmuster entstehen. In der Regel entstehen neue Gebrauchsmuster durch Abstraktion von bereits bekannten Systemen.

Gebrauchsmuster können an bestimmte soziale oder kulturelle Milieus gebunden sein. Das bedeutet, dass räumliche Codes nur von Mitgliedern des jeweiligen Milieus oder Kulturkreises gelesen werden können. Folglich können Raumstrukturen von Mitgliedern unterschiedlicher Milieus mit unterschiedlichen sozialen Verhaltensweisen belegt werden.

Diese Abweichungen können Missverständnisse und damit Auslöser sozialer Spannungen sein. Das Erkennen von Gebrauchsmustern setzt intensive Beobachtungen des Raums sowie seiner Benutzung voraus.

Räumliches Erleben und emotionale Einbindung

Körperliches und räumliches Empfinden sind leibliche bzw. soziale Erfahrungen und damit Urerfahrungen jedes Menschen. Räumliches Erleben bleibt an diese Urerfahrungen gebunden, das heißt, Gebäude werden mit Menschen assoziiert, Ensembles stellen die Beziehung der Menschen untereinander dar. Assoziationen werden als Erfahrungen gespeichert und sind damit an positive oder negative Gefühle gekoppelt.

Räumliche Strukturen werden im emotionalen Kontext wahrgenommen, räumliche Situationen sind mit Lebensgefühlen verbunden. So bleibt ein Ort z. B. deswegen in Erinnerung, weil hier ein besonders schönes Ereignis stattgefunden hat. In diesem Sinne kann z. B. ein unbedeutender Ort in Erinnerung bleiben, weil man hier zum ersten Mal seinem späteren Lebenspartner begegnet ist.

Individuelle und kollektive Erfahrungen

Viele dieser emotionalen Koppelungen sind individuelle Erfahrungen und damit nicht Gegenstand von Stadtanalysen. Räumliche Situationen können aber auch für den Großteil der Gesellschaft oder bei bestimmten Gruppen der Gesellschaft Emotionen auslösen. In manchen Fällen kann eine räumliche Situation sogar gegensätzliche Emotionen in bestimmten Gruppen der Gesellschaft auslösen und damit zu Konflikten führen.

Meist heben sich diese Orte von ihrer Umgebung ab, sie sind entweder besonders exponiert, wie z. B. ein Aussichtspunkt, oder sie besetzen eine Schnittstelle zwischen zwei sehr unterschiedlichen Raumstrukturen, wie z. B. ein Flussufer. Oft werden diese Situationen räumlich markiert und auf diese Weise symbolisch überhöht. Emotional wirksame Orte müssen von der Stadtanalyse erkannt und dokumentiert werden. › Abb. 13

\\ Beispiel:
In Gebäudegrundrissen wird dieses System ebenfalls wirksam: Ausstattung und Lage spezialisierter Räume sind damit auch von Benutzern, die diese Wohnung zum ersten Mal benutzen, lesbar. Räume enthalten Codes, an die bestimmtes Verhalten gekoppelt ist. Eine Übertretung dieser Spielregeln, also die Missachtung dieser Codes, wird sozial sanktioniert.

\\ Beispiel:
Gedenkstellen der beiden Weltkriege bewirken bei Menschen sehr unterschiedliche Emotionen, weil hier Gefühle von Trauer, aber auch Schuld ausgelöst werden.

Abb.13:
Markierung eines emotional wirksamen Ortes

Mikro- und Makroebene

Stadt wird auf unterschiedlichen Maßstabsebenen wahrgenommen. Gewöhnlich haben Menschen von der unmittelbaren Umgebung ihres Wohnortes detaillierte Kenntnisse. Parallel dazu wird dieser Bereich in großräumige Zusammenhänge gebracht, ohne dass Detailkenntnisse von der weiteren Umgebung vorhanden sind. Diese Vernetzung orientiert sich an Strukturelementen, wie beispielsweise Grünzügen, Flussläufen oder Hauptverkehrsachsen. Markante Orte stellen Orientierungspunkte innerhalb dieses Netzwerks dar. Jeder Ort ist damit sowohl in Raumstrukturen auf der Mikro- als auch auf der Makroebene eingebunden. Keine dieser Ebenen ist für sich autonom, vielmehr vollzieht sich im konkreten Ort eine Überlagerung der verschiedenen Maßstabsebenen.

DURCHFÜHRUNG

VORBEREITUNG UND PROGRAMMSTELLUNG

Innerhalb eines Untersuchungsgebiets sind theoretisch unendlich viele Informationen enthalten, entsprechend viele Analysen lassen sich anfertigen. In der Praxis haben sich bestimmte Systematiken etabliert, innerhalb derer Analysen durchgeführt werden. Diese Systematiken lassen sich den Bereichen Geschichte, Siedlungsgeografie und Sozialstruktur zuordnen. > Kap. Analysemethoden

Inhaltliche Eingrenzung

Es gibt zwei Anlässe zur Durchführung von Stadtanalysen:

_ Aufzeigen eines Gesamtbildes: Bei diesem Vorgehen soll unter Einsatz der Stadtanalyse ein Gesamtbild eines Untersuchungsgebiets oder des gesamten Stadtgebiets gewonnen werden. Oftmals gibt die Beobachtung von Fehlentwicklungen den Anstoß zur Durchführung einer Stadtanalyse. Fehlentwicklungen können z. B. gehäuftes Auftreten von Leerständen, der schlechte Erhaltungszustand der Gebäude oder eine hohe Bevölkerungsfluktuation sein. Mit der Durchführung der Stadtanalyse soll dann ein Verdacht durch eine präzise Diagnose ersetzt werden. Hier wird das Untersuchungsgebiet durch den Einsatz mehrerer Methoden analysiert.

_ Beantwortung einer konkreten Fragestellung: Bei diesem Vorgehen wird ein inhaltlicher Schwerpunkt der Analyse festgelegt. So können beispielsweise der Zustand des Wohngebäudebestands oder die soziale Lage der Bevölkerung den Schwerpunkt der Untersuchung bilden. Aber auch die städtebauliche Verträglichkeit eines geplanten Bauvorhabens kann geprüft werden. In diesem Fall muss die abschließende Bewertung ein Fazit, bezogen auf die eingangs gestellte Fragestellung, liefern.

\\ Hinweis:
Die Siedlungsgeografie beschreibt die Raumstruktur sowie innere Funktionen von Untersuchungsgebieten. Die wichtigsten Bestandteile sind Nutzungsstruktur, Erschließungsstruktur, Freiraum- und Grünstruktur sowie die Bau- und Siedlungsstruktur.

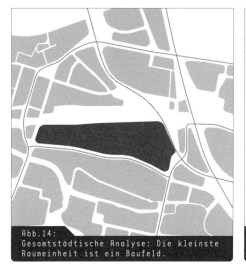

Abb.14:
Gesamtstädtische Analyse: Die kleinste
Raumeinheit ist ein Baufeld.

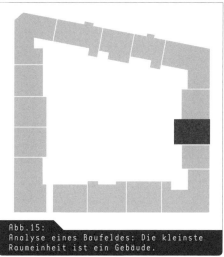

Abb.15:
Analyse eines Baufeldes: Die kleinste
Raumeinheit ist ein Gebäude.

Stadtanalysen sind keine formellen bzw. normierten Verfahren, deshalb ist in allen Fällen eine inhaltliche Eingrenzung vor Beginn der Analysearbeiten unverzichtbar. Je nach Anlass der Stadtanalyse gilt es, die richtigen Analysemethoden auszuwählen. Fehleinschätzungen bei der inhaltlichen Eingrenzung können dazu führen, dass entweder unzureichende Analyseergebnisse gewonnen werden oder dass Informationen gewonnen werden, die im Rahmen einer Stadtanalyse nicht weiter nutzbar sind. Bereits vor Festlegung des inhaltlichen Rahmens sollte deshalb ein ungefähres Bild von der Situation in dem Untersuchungsgebiet vorliegen.

Maßstab und räumliche Eingrenzung

Jede durch Analyse gewonnene Information ist maßstabsabhängig. So kann eine gebäudebezogene Information für die Analyse eines <u>Baufelds</u> von Belang sein, für die Analyse der gesamtstädtischen Situation kann sie wertlos sein. Somit stellt ein kleiner Maßstab ein Untersuchungsgebiet nicht automatisch ungenau dar, er liefert vielmehr im gesamtstädtischen Kontext die relevanten Analyseergebnisse. Überfrachtungen mit zu vielen und zu großmaßstäblichen Informationen – sogenannte Datenfriedhöfe – verstellen den Blick auf Aussagen, die das Untersuchungsgebiet in einen übergeordneten Kontext stellen. Die Verdichtung der gewonnenen Daten zu Kernaussagen ist eine wesentliche Leistung der Stadtanalyse.

Gesamtstädtische Analysen verwenden als kleinste Raumeinheit Baufelder oder Quartiere (Maßstäbe 1:20 000 bis 1:5000). Das bedeutet,

Abb.16:
Auch angrenzende Bereiche müssen bei
der Analyse des Untersuchungsgebiets
berücksichtigt werden.

dass alle analyserelevanten Attribute auf diese Raumgröße bezogen werden müssen. Untersuchungsgebiete auf Quartiersgröße verwenden in der Regel Flurstücke bzw. Gebäude als kleinste Raumeinheiten. Analysen, die sich auf die Abfrage weniger Attribute beschränken, verwenden zum Teil höhere Detaillierungsgrade. > Abb. 14 und 15

Maßstab und Detailgenauigkeit werden in Abhängigkeit vom Ausdehnungsbereich des Untersuchungsgebiets festgelegt. Demnach gilt: je größer der Maßstab, umso kleiner das Untersuchungsgebiet. Kein Plangebiet ist jedoch autonom, vielmehr bestehen zahlreiche Verbindungen und Austauschbeziehungen zu den umgebenden Gebieten und zur Gesamtstadt oder sogar zur Region. Daher muss jede Stadtanalyse die Einbindung des Untersuchungsgebiets in das städtische Raumgefüge aufzeigen und somit über den Rand des Untersuchungsgebiets hinausschauen. > Abb. 16–18

\\ Hinweis:
Mit dem Begriff Baufeld ist eine durch Straßen oder andere gliedernde Elemente eingegrenzte Siedlungsfläche gemeint.

\\ Hinweis:
Die räumliche Einbindungssituation kann sich z.B. bei angrenzenden Erholungsräumen positiv auf das Untersuchungsgebiet auswirken – sie kann aber auch Konfliktsituationen verursachen, wenn z.B. Wohngebiete an Abgas emittierende Gewerbebetriebe grenzen.

Abb.17:
Phänomene mit unterschiedlichem Raumbezug wirken im konkreten Ort:…

Abb.18:
…Wohngebäude und Straße, Stadt und
Wasserlauf.

Fortschreibung und Monitoring

Bei Fortschreibungen von Analysen wird im zeitlichen Abstand auf bestehenden Untersuchungen aufgebaut. Fortschreibungen können eingeführte Analysemethoden weiterführen, diese erweitern oder modifizieren. In diesem Sinne kann es zu einer veränderten Gewichtung der analysierten Sachverhalte kommen.

Monitoring meint im Zusammenhang einer Stadtanalyse die langfristige Beobachtung eines Untersuchungsgebiets. Dazu werden gleichbleibende Erhebungsgrößen in regelmäßigen Zeitabständen ausgewertet und in Beziehung zueinander gesetzt. Im Regelfall werden außerdem Vergleiche zu anderen Untersuchungsräumen gezogen bzw. mehrere Untersuchungsräume in Bezug auf bestimmte Erhebungsgrößen miteinander verglichen. Typische Erhebungsgrößen sind der Einwohnerbestand sowie demografische und soziale Merkmale der Einwohner.

›

\\ Hinweis:
Monitoring macht aus Gründen der Vergleichbarkeit die Festlegung klar definierter Erhebungsgrößen und -methoden erforderlich. Daher werden im Regelfall lediglich standardisierbare Werte für ein Monitoring verwendet. Es ist auch die Vergleichbarkeit mit anderen Erhebungsräumen zu prüfen.

Zusammenarbeit mit anderen Fachplanern

Die Durchführung einer Stadtanalyse durch einen einzigen Fachplaner ist oftmals nicht möglich, da viele Belange spezifisches Fachwissen erfordern. Bei der Programmstellung und Vorbereitung einer Stadtanalyse muss daher festgelegt werden, welche Belange analysiert und welche Fachplaner deswegen erforderlich sind. In der Praxis kommt es zur Bildung von Arbeitsgemeinschaften oder zur Arbeitsteilung zwischen öffentlicher Planungsbehörde und Fachplanern. Stadtplaner, Architekten oder Siedlungsgeografen führen gewöhnlich die Hauptbestandteile einer Stadtanalyse aus, also die Analyse der Nutzungs-, Verkehrs-, Siedlungs- und Baustruktur. Spezialisierte Analysen können z.B. den Einsatz von Verkehrsplanern oder Historikern erforderlich machen. Freiräumliche und ökologische Belange werden in der Regel von Freiraumplanern bzw. Landschaftsarchitekten analysiert. Spezialisierte Beiträge zur freiräumlichen bzw. ökologischen Situation liefern Biologen, Meteorologen und Geografen. Werden zur Analyse der Sozialstruktur umfangreiche Befragungen oder statistische Verfahren erforderlich, ist die Einbindung von Sozialwissenschaftlern notwendig. Beteiligungsverfahren erfordern die Mitarbeit von Moderatoren.

DATENBESCHAFFUNG UND -VERARBEITUNG

Stadtanalysen machen die Akquisition umfänglicher Datenmaterialien erforderlich. Je nach Verfügbarkeit und Leistungsfähigkeit der zuständigen Behörde muss die Überlassung dieser Materialien frühzeitig vereinbart bzw. veranlasst werden.

Bei der Durchführung von Stadtanalysen werden unterschiedlichste Daten bezogen und verarbeitet:

_ Daten in Papierform, wie z.B. gedruckte Gutachten und Pläne
_ Digitale Daten, wie z.B. Planunterlagen, Text- und Bilddateien
_ Informationen, die durch eigene Ortsbegehungen gewonnen werden › **Kap. Durchführung, Arbeit im Analysegebiet**
_ Informationen aus Gesprächen mit Dritten › **Kap. Durchführung, Arbeit im Analysegebiet**

\\Tipp:
Bei der Etablierung einer Arbeitsgemeinschaft sollte eine genaue Abgrenzung der Recherchebereiche vereinbart werden, um Redundanzen zu vermeiden. Ggf. ist die zeitliche Abfolge der Analysen festzulegen, da Analyseergebnisse eines Fachplaners Auswirkungen auf die Bewertung eines anderen Fachplaners haben können.

\\Tipp:
Vor Beginn der Stadtanalyse sollte geklärt sein, ob Kosten für die Überlassung oder Aufbereitung notwendiger Datenmaterialien entstehen und wer diese übernimmt.

Bei Veröffentlichung der Stadtanalyse muss geklärt werden, ob Materialien mit Veröffentlichungsrechten versehen und so entsprechend gekennzeichnet werden müssen. Bei der Veröffentlichung personenbezogener Daten sind die Regelungen des Datenschutzes zu beachten. Um verbindliche Regelungen beim Umgang mit diesen Materialien zu vereinbaren, ist Kontakt mit den zuständigen Datenschutzbeauftragten aufzunehmen.

Historische Informationen

Wichtige Quellen für eine historische Analyse des Untersuchungsgebiets sind historische Karten sowie stadtgeschichtliche Publikationen und Chroniken. Ansprechpartner sind in der Regel Stadtarchive oder Bibliotheken. In kleinen Städten erfüllen oft Institutionen mit ehrenamtlichen Mitabeitern diese Funktion. Hier werden jedoch lediglich historische Materialien (z. B. Fotos und lokale Veröffentlichungen) gesammelt, ohne dass eine wissenschaftliche Aufbereitung durchgeführt wird. Die Auswertung solcher historischer Rohmaterialien ist sehr arbeitsintensiv und wird meist nur bei wissenschaftlichen Untersuchungen durchgeführt.

Kartografische Grundlagen

Maßstäbliche Karten gehören zur handwerklichen Grundausstattung jeder Stadtanalyse. Karten können selbst Träger von Informationen sein, oder sie bilden das Medium zur Verortung der verschiedenen Analyseergebnisse. Bei den kartografischen Grundlagen existieren keine international oder national einheitlichen Standards, deshalb müssen vor Beginn der Analyse Verfügbarkeit und technische Standards der Materialien geklärt werden. Je nach Projektionsart sind nicht alle Kartenwerke deckungsgleich und damit für die Verwendung innerhalb eines Dokuments kompatibel. Aufgelegt und vertrieben werden die kartografischen Grundlagen hauptsächlich von staatlichen Verwaltungen.

Topografische Karte

Die topografische Karte stellt geografische Objekte und räumliche Elemente auf der Erdoberfläche dar. Besonders die Darstellung der Höhenlinien macht dieses Kartenwerk für die Stadtanalyse besonders wertvoll.

\\ Hinweis:
Wenn Kulturdenkmäler (Gebäude oder Gebiete) oder Bodendenkmäler im Untersuchungsgebiet vorhanden sind, kann meistens auf umfängliche Kenntnisse und Materialien der Denkmalbehörde zurückgegriffen werden.

\\ Hinweis:
Die topografische Karte ist aufgrund ihrer Darstellung auch von Laien gut lesbar. Sie kann deshalb im Zuge der Öffentlichkeitsarbeit ohne grafische Nachbearbeitung eingesetzt werden.

Abb.19:
Topografische Karte

Abb.20:
Liegenschaftskarte

Für den Einsatz bei der Stadtanalyse werden Maßstäbe zwischen 1:5000 und 1:50 000 verwendet. In der Regel sind alle Kartenwerke als digitale Rasterdaten verfügbar. Zum Teil können Objektgruppen oder geografische Elemente als Layer bzw. Folien und damit verteilt auf mehrere Datensätze geliefert werden. › Abb. 19

Liegenschafts-
karte

> ⛁

Die Liegenschaftskarte stellt die kartografische Basis der Geodaten dar, auf deren Grundlage eine Vielzahl von Verknüpfungen mit weiteren Fachdaten möglich ist. Ursprünglich ist die Liegenschaftskarte der bildliche Teil des Liegenschaftskatasters. Das Liegenschaftskataster erfasst die Eigentumsverhältnisse sämtlicher Flurstücke.

Die Liegenschaftskarte stellt räumliche und topografische Objekte sowie Flurstücke dar. Die Ausstattung mit einer Vielzahl von objekt- und flurstückbezogenen Informationen macht die Liegenschaftskarte für den Bearbeiter einer Stadtanalyse besonders interessant. Flurstücke und Objekte können mit bestimmten Attributen, z.B. Gebäudegeschossigkeit oder Nutzung des Flurstücks, versehen sein. Gleiche oder ähnliche Objekte werden gemäß eines genau definierten Objektkatalogs systematisiert und auf separaten Folien bzw. Layern abgelegt. Dadurch ist der Karteninhalt nach thematischen Kriterien sortiert. Darüber hinaus ist die Liegenschaftskarte in ein Liegenschaftskataster-Informationssystem eingebettet, sodass parallel zum zeichnerischen Teil der Liegenschaftskarte umfängliche Datenbestände mit Raumbezug in einer Datenbank geführt werden. › Abb. 20

Liegenschaftskarten werden von den Katasterämtern digital geführt und können in Form von Vektordateien weiteren Bearbeitern überlassen werden. Vor Bezug der Liegenschaftskarte sollte genau geklärt werden, welche objekt- und flurstückbezogenen Informationen geliefert werden können. Umgekehrt kann es erforderlich sein, aus der Fülle der zur Verfügung stehenden Daten eine geeignete Auswahl zu treffen.

> 🔖

Beim Transfer in ein CAD-System (Computer Aided Design) wird in der Regel auf die Dateiformate *.DXF (Drawing Interchange Format) oder *.DWG (Drawing, Dateiformat der Autodesk-Produktpalette) zurückgegriffen. Sollen Daten des Liegenschaftskataster-Informationssystems übertragen werden, muss auf andere Datenformate zurückgegriffen werden.

> 🔖

Luftbild

Luftbilder sind als Senkrecht- oder Schrägaufnahme verfügbar. Häufig werden verzerrungsfreie und maßstabsgetreue Senkrechtbilder – sogenannte Orthofotos – verwendet, weil diese mit anderen kartografischen Grundlagen deckungsgleich und damit kombinierbar sind. Luftbilder können, in Ergänzung zur Liegenschaftskarte, wichtige Informationen zur Lage von Objekten liefern. Besonders Grünstrukturen lassen sich so einfach lokalisieren. Aber auch bei der Illustration der Analyseergebnisse können Luftbilder gut eingesetzt werden, weil sie von Laien einfach zu lesen sind. > Abb. 21

Detailkarten

Je nach Untersuchungsgebiet können großmaßstäbliche Detailkarten für eine Stadtanalyse erforderlich sein. So liefern Versorgungsunternehmen Kartenwerke zur Lage erdverlegter Versorgungsmedien.

Geoinformationssystem

Geoinformationssysteme (GIS-Systeme) verwalten und visualisieren raumbezogene Daten. Mit ihnen ist die Durchführung einer Vielzahl von Auswertungen möglich. Bei GIS-Systemen steht in der Regel die Zeichenfunktionalität nicht im Zentrum der Leistungsfähigkeit, vielmehr gilt es umfangreiche digitale Datenbestände in Form von Datenbanken zu speichern und im Zuge von Auswertungen untereinander zu verknüpfen. Bezugsgröße dieser Verknüpfungen sind räumliche Merkmale, die als Geometrien – ähnlich wie in einem CAD-System – grafisch abgelegt werden. Meistens bauen diese Zeichnungen auf kartografischen Standardwerken wie z.B. der topografischen Karte auf.

🔖

\\Hinweis:
Werden großflächige Bereiche durch die Liegenschaftskarte abgedeckt, empfiehlt sich der Austausch von Testdaten (Ausschnitt) vor Lieferung des endgültigen Datensatzes.

🔖

\\Hinweis:
Liegenschaftskarten sind technische Kartenwerke, die von Laien nur bedingt gelesen werden können. Bei der Illustration der Analyseergebnisse müssen daher umfangreiche grafische Bearbeitungen durchgeführt werden.

Abb.21:
Luftbild als Senkrechtaufnahme
(Orthofoto)

Abb.22:
GIS-Systeme verknüpfen räumliche Merkmale mit einer Datenbank.

Die Durchführung einer Stadtanalyse unter Verwendung eines GIS-Systems macht umfängliche Vorrecherchen notwendig. Von großer Relevanz ist die Verfügbarkeit kompatibler Datensätze. Datentransfers aus anderen Systemen können zu formatierungsbedingten Datenverlusten führen und somit zeitintensive manuelle Dateneingaben notwendig machen. Lieferanten von Datensätzen sind in der Regel öffentliche Verwaltungen, zunehmend bieten aber auch private Unternehmen raumbezogene Datensätze an. Neben der Verwendung externer Datensätze können eigene Erhebungen in das GIS-System eingebunden werden. › Abb. 22

› 🗇
Feldcomputer

Beim Einsatz mobiler Feldcomputer können standardisierte Abfrageergebnisse vor Ort direkt digital erfasst werden. Der Ortsbezug der Eingaben wird entweder durch Anklicken auf einem Touchscreen mit hinterlegter Karte hergestellt, oder der Raumbezug erfolgt durch Abgleich mit Koordinaten, die durch einen integrierten GPS-Empfänger (Global Positioning System) errechnet werden. Die Auswertung der eingegebenen Daten erfolgt in einem GIS-System. › Abb. 23

🗇

\\ Hinweis:
Besonders interessant ist der Einsatz von GIS-Systemen bei einer langfristigen Beobachtung von Räumen (Monitoring), da unter Einbindung aktualisierter Datensätze vergleichsweise bequem neue Auswertungen und Auswertungskarten angefertigt werden können.

Abb.23:
Feldcomputer (Beispiel)

Bestehende Planungen und Analysen

Oft sind Untersuchungsgebiete in der Vergangenheit schon einmal durch Planungen und Analysen erfasst worden. Diese Materialien müssen mit Hinblick auf bestehende Restriktionen oder sonstige Informationen ausgewertet werden. Formelle Planwerke regeln z. B. Art und Maß der baulichen Nutzungen, die Lage abstandsrelevanter Anlagen oder den Ausdehnungsbereich von Hochwasserschutzzonen. Manchmal liegen auch Fachgutachten vor, die spezielle Belange im Untersuchungsgebiet sowie dessen Umgebung analysieren. Solche Gutachten können sein:

_ Ökologische Fachbeiträge enthalten Angaben über den Bestand wertvoller Grünstrukturen. › Kap. Analysemethoden, Freiraum- und Grünstrukturanalyse
_ Schallschutzgutachten erfassen vorhandene oder aufgrund geplanter Anlagen zu erwartende Lärmbelastungen.
_ Verkehrsgutachten analysieren vorhandene Verkehrsbelastungen sowie die Leistungsfähigkeit bestehender Verkehrsanlagen, -netze und -systeme. › Kap. Analysemethoden, Verkehrsstrukturanalyse
_ Einzelhandelsgutachten analysieren die Einzelhandelsstruktur eines Erhebungsraums. › Kap. Analysemethoden, Nutzungsstrukturanalyse

Die wesentlichen Ergebnisse vorhandener Fachgutachten werden in die Stadtanalyse übernommen und dort auf etwaige Wechselwirkungen mit anderen Belangen bzw. Auswirkungen auf die städtebauliche Entwicklung geprüft. Je nach Relevanz werden diese Informationen in einer maßstäblichen Karte dargestellt.

› 🗋

Einwohnerdaten und -statistiken

Im Regelfall sind die Verwaltungsbehörden aufgefordert, regelmäßig Analysen der Bevölkerungsstruktur durchzuführen. Hierzu werden die Einwohnerbestände der Stadtteile bzw. der statistischen Erhebungsräume

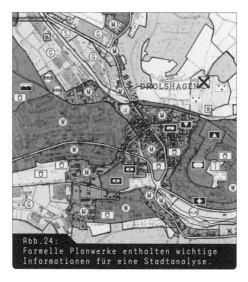

Abb. 24:
Formelle Planwerke enthalten wichtige
Informationen für eine Stadtanalyse.

in Bezug auf bestimmte Bevölkerungsmerkmale analysiert. In den meisten Fällen ist das Untersuchungsgebiet nicht deckungsgleich mit einem dieser statistischen Erhebungsräume, eine Bezugnahme auf das konkrete Untersuchungsgebiet ist daher nur eingeschränkt möglich.

Eine auf das Untersuchungsgebiet bezogene Auswertung macht die Abgrenzung eines neuen Zählraums erforderlich. Diese abweichende Abgrenzung kann nur von verwaltungsinternen Dienststellen vorgenommen werden, weil der Zugriff externer Fachleute auf den Einwohnerdatenbestand nicht möglich ist. Zur Einhaltung der Belange des Datenschutzes ist eine Überlassung von Daten, die einen kleinräumigen Bezug ermöglichen, nur nach ausführlichen Vereinbarungen zwischen den zuständigen Fachstellen und den Bearbeitern der Stadtanalyse möglich.

\\ Hinweis:
In der Praxis werden zu Beginn einer Stadtanalyse alle bestehenden Planungen und Analysen bei den zuständigen Fachstellen abgefragt. Viele Planwerke können über das Internet abgerufen werden (siehe Abb. 24).

\\ Hinweis:
Mit dem Begriff Zählraum ist ein räumlich zusammenhängender Ausdehnungsbereich gemeint, dem bestimmte Merkmale wie z. B. Altersdurchschnitt der Einwohner oder Anzahl der Wohnungen zugeordnet werden können.

Bei der Analyse der Bevölkerungsstruktur sind neben Erhebungen, die sich lediglich auf einen Stichtag beziehen, Untersuchungen von Entwicklungsverläufen sowie Vergleiche mit anderen Erhebungsräumen von besonderem Interesse. In diesem Sinne ist die Überlassung geeigneter Vergleichsdaten notwendig.

ARBEIT IM ANALYSEGEBIET
Bestandsaufnahme vor Ort

Die Arbeit im Untersuchungsgebiet ist unverzichtbarer Bestandteil jeder Stadtanalyse. Meistens kann ein Großteil der Analysen nur durch Aufnahme der Bestandssituationen vor Ort durchgeführt werden. Räumliche Qualitäten und atmosphärische Eindrücke erschließen sich dem Bearbeiter ausschließlich bei Aufenthalten im Untersuchungsgebiet. Dazu sind unter Umständen Gebietsbesichtigungen zu verschiedenen Tageszeiten oder Wochentagen notwendig.

Für die zeichnerische und textliche Protokollierung der bei der Ortsbegehung gewonnenen Informationen müssen geeignete Unterlagen vorbereitet werden. Je nach Leistungsumfang bzw. Detaillierungsgrad der Analyse werden unterschiedliche Informationsmengen sowie verschiedene Raumbezüge protokolliert. Unterlagen müssen entsprechend geeignet sein, diese Informationsmengen aufzunehmen sowie deren Raumbezüge aufzuzeigen. Ungeeignete Unterlagen, die durch eine Überzahl an Protokollnotizen unleserlich geworden sind, erzeugen bei der nachfolgenden Auswertung arbeitsintensive Detektivarbeit. › Abb. 25

Im Regelfall werten die mit der Ortsbegehung befassten Akteure ihre eigenen Begehungsnotizen aus. Umfangreiche Erhebungen machen jedoch die Etablierung von Bearbeitungsteams erforderlich. In diesem Fall muss verbindlich festgelegt werden, in welcher Weise Analyseergebnisse protokolliert werden, um Missverständnisse bei der nachfolgenden Auswertung auszuschließen. Standardisierte Abfragen sind hier besonders geeignet.

Für die Protokollierung der Ortsbegehung werden topografische oder Liegenschaftskarten verwendet. Je nach Leistungsumfang bzw. Detaillierungsgrad der Analyse werden hier verschiedene Maßstäbe eingesetzt:

\\Tipp:
Nur eine intensive Vorbereitung der Ortsbegehung kann vermeiden, dass Informationslücken bei der anschließenden Auswertung sichtbar werden. Besonders bei langen Anfahrten können diese Pannen zeitintensive Nachrecherchen erforderlich machen.

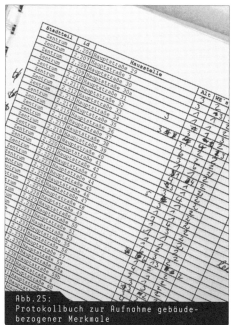

Abb.25:
Protokollbuch zur Aufnahme gebäudebezogener Merkmale

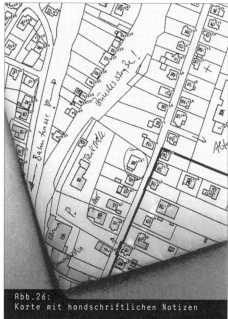

Abb.26:
Karte mit handschriftlichen Notizen

_ Für die Analyse der Einbindungssituation eignen sich topografische Karten oder Luftbilder im Maßstab 1:5000 bis 1:20 000.

_ Für die Aufnahme siedlungsgeografischer Merkmale werden gerne
Liegenschaftskarten im Maßstab 1:1000 verwendet. Bei der Anfer-
tigung dieser Karten ist darauf zu achten, dass Folien bzw. Layer,
die für die Ortsbegehung unrelevant sind, nicht ausgedruckt werden.

_ Bei der Aufnahme parzellenscharfer bzw. gebäudebezogener Daten
werden Liegenschaftskarten im Maßstab 1:500 verwendet. Größere
Maßstäbe erzeugen im Regelfall zu große Papierformate, die bei
der Arbeit im Untersuchungsgebiet nur schwer handhabbar sind.
Hier empfiehlt sich eine Kombination aus Karte und Erhebungsbogen: Während die Karte zur Lokalisierung einzelner Objekte dient,
werden im Erhebungsbogen die Analyseergebnisse protokolliert.
Der Erhebungsbogen wird als standardisierte Abfrage vorbereitet,
sodass während der Bestandsaufnahme keine Erhebungskriterien
übersehen werden können. > Abb. 26

Meistens werden Kameras zur Dokumentation des Untersuchungsgebiets eingesetzt. In manchen Fällen ist die Verzeichnung der Fotostandorte

in einer Karte sinnvoll, um eine räumliche Zuordnung der Fotos bei der nachfolgenden Auswertung zu ermöglichen.

Bürgerbeteiligung, Kontakt zu den örtlichen Akteuren

Einwohner haben umfangreiche Detailkenntnisse über ihr Quartier. Aber auch örtliche Akteure, wie Gewerbetreibende und Träger von Initiativen, verfügen über Ortskenntnisse bzw. ortsbezogene Menschenkenntnisse. Diese Informationsquellen sollten im Zuge einer Stadtanalyse erschlossen werden.

Institutionalisierte Kontakte zu Einwohnern können durch eine Reihe von Methoden organisiert werden. Sie sind weniger für die Akquisition ortsbezogener Detailkenntnisse geeignet, sondern dienen mehr der Ermittlung persönlicher Betroffenheit und damit bestehender Konflikte und Potenziale innerhalb des Untersuchungsgebiets.

Die Einwohnerversammlung ist eine häufig durchgeführte Maßnahme der Bürgerbeteiligung, weil sie im Regelfall mit wenig Vorbereitungsaufwand verbunden ist. In der Praxis zeigt sich, dass Bürgerversammlungen, die keine konkreten Schritte behandeln, wenig Betroffenheit bei den Einwohnern auslösen und daher wenig besucht werden. Daher empfiehlt sich die Durchführung von Einwohnerversammlungen nur in den Fällen, in denen gleichzeitig Handlungskonzepte und Vorgehensweisen diskutiert werden. Es empfiehlt sich ferner, die Einwohner mit ersten Auswertungen der Stadtanalyse zu konfrontieren, um so Gegenstand und Struktur für eine nachfolgende Diskussion zu liefern. Öffentlichkeitsscheue Einwohner meiden Einwohnerversammlungen, daher erreicht diese Methode keine repräsentative Auswahl der Einwohner. Grundsätzlich sollten Versammlungsorte mit niedriger Hemmschwelle gewählt werden, also Lokalitäten innerhalb des Untersuchungsgebiets.

Eine Einzelbefragung der Einwohner ist sowohl in der Vorbereitung als auch in der Durchführung und Auswertung sehr zeitintensiv. Sie kommt daher nur bei Stadtanalysen zum Einsatz, die eine umfangreiche Sozialstrukturanalyse beinhalten. Einzelbefragungen und deren Auswertung erfordern die Einbindung von Sozialwissenschaftlern.

\\ Tipp:
Spontane Kontakte zu den Einwohnern ergeben sich im Regelfall bei der Ortsbegehung. Diesen Begegnungen sollte nicht ausgewichen werden, vielmehr lassen sich bei gezielter Nachfrage wertvolle Informationen gewinnen.

Einzelbefragungen können in Form narrativer Interviews oder anhand standardisierter Fragebögen durchgeführt werden. Standardisierte Verfahren erleichtern die Auswertung der Befragungsergebnisse. Fragebögen in Form von Postwurfsendungen haben gewöhnlich sehr geringe Rückläufe und sind deshalb nicht repräsentativ für die Bevölkerungsstruktur.

Bei der Durchführung mehrerer Expertengespräche kann mit vergleichsweise geringem Zeitaufwand viel ortsbezogenes Expertenwissen akquiriert werden. Expertengespräche sind Diskussionsrunden mit inhaltlichen Schwerpunkten, zu denen die jeweils relevanten Fachleute eingeladen werden. Neben den Fachvertretern aus den Verwaltungen gehören in der Regel die Akteure vor Ort zu den Teilnehmern. Örtliche Akteure können Träger der Wohlfahrtspflege, ehrenamtlich Tätige oder Vertreter der örtlichen Unternehmerschaft sein.

ANALYSEMETHODEN

Stadtanalysen untersuchen ein Stadtgebiet hinsichtlich einer oder mehrerer Fragestellungen, z. B. welche Nutzungen sich im Untersuchungsgebiet befinden oder wie der Verkehr im Untersuchungsgebiet organisiert ist. Diese sektoralen Analysen bilden, wie beschrieben, lediglich abstrakte Ausschnitte der Wirklichkeit ab. In der Praxis erleichtern sie jedoch das Vorgehen, da das komplexe Zusammenspiel aller Wirkungsgrößen weder erfassbar noch darstellbar ist. Gleichwohl sollte jede Stadtanalyse möglichst viele Wechselwirkungen zwischen den sektoralen Analysen aufzeigen. Vereinfacht kann man sagen: Stadtanalysen zerlegen Untersuchungsgebiete zunächst wie Motoren, um sie anschließend in Kenntnis der Einzelteile sowie deren Zusammenwirken wieder zusammenzubauen.

Stadtanalysen unterliegen keinen formalen Richtlinien, deshalb sind letztendlich unendlich viele Analyseansätze zulässig. Nachfolgend werden daher nur die sektoralen Analysen vorgestellt, die in der stadtplanerischen Praxis häufig Verwendung finden.

HISTORISCHE ANALYSE

Die historische Analyse geht der Frage nach, welche Ereignisse das Entstehen und die Beschaffenheit des Untersuchungsgebiets bedingt oder entscheidend beeinflusst haben. Demnach können auch zeitlich nahe Ereignisse von Bedeutung sein. Historische Analysen beschränken sich nicht auf die Zuordnung vorhandener Stadtstrukturen zu verschiedenen Stilepochen, vielmehr werden Ereignisse, die Auswirkungen auf die räumliche Entwicklung des Untersuchungsgebiets gehabt haben, erfasst und interpretiert. › Abb. 27 und 28

Die historische Analyse kann auf zwei Maßstabsebenen durchgeführt werden:

_ Untersuchungsgebiet als Gesamtgegenstand: Hier wird bewertet, welche historischen Ereignisse und Rahmenbedingungen das Untersuchungsgebiet in seiner Hauptstruktur beeinflusst haben.
_ Untersuchungsgebiet als Summe seiner Einzelteile: Hier werden einzelne Strukturmerkmale – meist Gebäude – dahingehend untersucht, ob sie typisch für bestimmte Entwicklungen waren oder sind.

Historische Ereignisse können konkrete räumliche Maßnahmen sein, z. B. der Bau einer Stadtbefestigung oder der Wiederaufbau nach einem Stadtbrand. Viele historische Ereignisse sind hingegen keine konkreten räumlichen Maßnahmen, sie wirken sich aber auf die räumliche

Abb. 27:
Der ehemalige Bereich der Göttinger
Stadtbefestigung ...

Abb. 28:
... ist heute ein wichtiger Erholungs-
raum.

Entwicklung eines Untersuchungsgebiets aus. So können ökonomische Rahmenbedingungen, also Blüte oder Niedergang der regionalen Ökonomie, Auswirkungen auf die räumliche Entwicklung des Untersuchungsgebiets gehabt haben.

Aufnahme der
Einzelmerkmale

In der Regel entscheidet der Bestand an denkmalpflegerisch bedeutsamen Gebäuden darüber, ob das Untersuchungsgebiet als Gesamtobjekt oder aber parzellenscharf analysiert wird. Bei einer parzellenscharfen Analyse werden Gebäude einzeln aufgenommen und ihre historisch relevanten Merkmale dokumentiert. Gewöhnlich werden Gebäude nach einem standardisierten Kriterienkatalog aufgenommen und dann – wenn möglich – verschiedenen Gebäudetypen zugeordnet. Häufig verwendete Kriterien sind das Baualter sowie der Bestand und der Erhaltungszustand der historischen Stilmerkmale. In einem weiteren Schritt werden die Gebäude entsprechend den erhobenen Kriterien in einer Karte verortet, und damit die räumliche Verbreitung der Gebäudetypen sowie der Bestand an Gebäudeensembles verdeutlicht. › Abb. 29 und 30

Zusammenwirken
im Unter-
suchungsgebiet

In seltenen Fällen lässt sich die räumliche Eigenart eines Untersuchungsgebiets mit einem historischen Ereignis erklären. Das wäre z. B. dann der Fall, wenn es sich bei dem Untersuchungsgebiet um ein durchgehend geplantes Stadtquartier handelt, das innerhalb eines engen Zeitraums entstanden ist. Meistens haben mehrere Ereignisse oder Rahmenbedingungen auf die räumliche Eigenart eines Untersuchungsgebiets Einfluss gehabt. Diese Ereignisse sind in der Regel in zeitlicher Abfolge eingetreten und haben zur wiederholten Überformung des Untersuchungsgebiets geführt.

Gründerzeit
1920/30er
1948-1960
1960-1990
> 1990
(D) Baudenkmal
Fehlstelle

Abb. 29:
Historische Analysen nehmen Einzelmerkmale auf…

Abb. 30:
… oder das Untersuchungsgebiet wird
als Gesamtobjekt betrachtet.

Diese Ereignisse haben dann räumliche Spuren an verschiedenen Stellen im Untersuchungsgebiet hinterlassen (z. B. Gebäudebestände aus unterschiedlichen Zeitepochen), oder aber sie überlagern sich (z. B. Gebäudebestände der 1950er Jahre im Bereich eines Stadtgrundrisses aus dem Mittelalter). Dichte und Verteilung der analysierten Merkmale lassen erkennen, ob die Entwicklung des Untersuchungsgebiets auf wenige historische Ereignisse oder Rahmenbedingungen zurückgeführt werden kann oder ob eine historisch sehr uneinheitliche Entwicklung zur heutigen Eigenart des Untersuchungsgebiets geführt hat.

> Übergebiet-
licher Kontext

Bei der historischen Analyse werden die Beziehungen des Untersuchungsgebiets zu den umgebenden Bereichen bzw. zur Gesamtstadt herausgearbeitet. Damit wird der Kontext zur Entwicklung der Gesamtstadt hergestellt. Außerdem wird geklärt, ob die historische Entwicklung des Untersuchungsgebiets typisch für die gesamtstädtische Entwicklung ist

\\ Hinweis:
Bei einer Gesamtbetrachtung des Untersuchungsgebiets werden in der Regel historische Karten
zur Analyse der historischen Entwicklung
verwendet. Alte Darstellungen können in Maßstäblichkeit und Wiedergabe mit heutigen Darstellungen nur bedingt verglichen werden.

\\ Hinweis:
Die Nutzungsintensität hängt oft mit dem Maß
der baulichen Ausnutzung zusammen, deshalb
sollten die Ergebnisse der Bau- und Siedlungsstrukturanalyse mit den Ergebnissen der Nutzungsstrukturanalyse überlagert werden.

oder ob das Untersuchungsgebiet historisch betrachtet eine Sonderrolle einnimmt.

Schluss-
folgerung

Bei planungsgeschichtlich bedeutsamen Gebieten ist eine gründliche historische Recherche besonders wichtig. Aber auch in Bereichen, die zunächst als historisch unbedeutend gelten, können im Zuge einer historischen Analyse typische Entwicklungsverläufe kenntlich gemacht werden und so wichtige Aspekte für die Identität und Weiterentwicklung des Untersuchungsgebiets geliefert werden. Bei der Interpretation historischer Ereignisse gilt es, sich auf die Beschreibung der Tatbestände zu beschränken, die die räumliche Entwicklung des Untersuchungsgebiets nachweisbar beeinflusst haben. Auf Abhandlungen zur allgemeinen Stadtgeschichte, z. B. Erbfolgen, urkundliche Erwähnungen oder den Abschluss von Städtepartnerschaften, kann im Zuge von Stadtanalysen verzichtet werden, da sie auf das Entstehen bzw. die Eigenart eines Untersuchungsgebiets meistens keinen Einfluss haben.

NUTZUNGSSTRUKTURANALYSE

Bei der Nutzungsstrukturanalyse wird untersucht, welche Realnutzungen innerhalb des Untersuchungsgebiets vorhanden oder vorherrschend sind und welche Beziehungen zwischen diesen Nutzungen bestehen.

Nutzungs-
intensität

Die Nutzungsintensität kann durch statistische Werte beschrieben werden. Dazu werden alle im Untersuchungsgebiet erhobenen Merkmale in ein Zahlenverhältnis zueinander gebracht. Eine Anwendung ist z. B. die Berechnung der Anteile der flächenbezogenen Nutzungen. Hier wird ausgedrückt, welche Anteile die jeweiligen Flächennutzungen an der Gesamtfläche des Untersuchungsgebiets haben. Aber auch Merkmale, wie z. B. die Anzahl von Arbeitsstätten, können so dokumentiert werden. Die Nutzungsintensität kann außerdem durch Dichtewerte beschrieben werden. Dazu wird das Verhältnis bestimmter Merkmale zu Flächeneinheiten berechnet. Ein häufig verwendeter Dichtewert ist die Einwohnerdichte; sie nimmt Bezug auf die besiedelte Fläche.

> 🗋

Aufnahme der
Einzelmerkmale

Bei der Nutzungsstrukturanalyse werden die Realnutzungen bezogen auf Raumeinheiten bestimmt. Raumeinheit kann hierbei eine Fläche oder ein Gebäude sein. Bei der flächenbezogenen Aufnahme ist, wenn sich auf der Fläche ein Gebäude befindet, die Nutzung des Gebäudes für die Bestimmung der jeweiligen Nutzungsart maßgeblich. In diesem Sinne wird z. B. das Merkmal Wohnen unabhängig von der freiräumlichen Beschaffenheit des Grundstücks vergeben, wenn das Gebäude auf dem Grundstück mit Wohnungen belegt ist.

Bei gesamtstädtischen Analysen oder ähnlich großen Untersuchungsgebieten wird die Nutzung für ganze Baufelder (oder ein Quartier) und damit flurstücksübergreifend bestimmt. Weil in diesen Raumeinheiten oftmals keine homogene Nutzungsstruktur vorliegt, wird die jeweils vor-

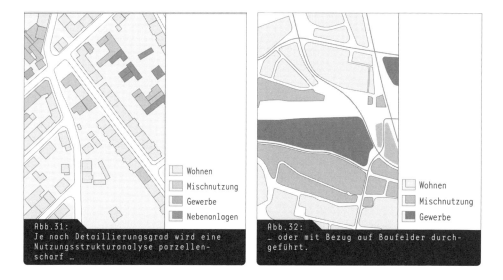

Abb.31:
Je nach Detaillierungsgrad wird eine
Nutzungsstrukturanalyse parzellen-
scharf ...

Wohnen
Mischnutzung
Gewerbe
Nebenanlagen

Abb.32:
... oder mit Bezug auf Baufelder durchgeführt.

Wohnen
Mischnutzung
Gewerbe

herrschende Nutzungsart bestimmt. Nutzungsstrukturanalysen auf Stadtteilebene sind im Regelfall parzellenscharf, d.h., dass die Nutzung jedes
Flurstücks bzw. die Flurstücke einer Nutzungseinheit bestimmt werden. In
diesem Fall werden neben den mit Gebäuden bebauten Flurstücken auch
sämtliche Verkehrs- oder Grünflächen erfasst.

Nutzungsstrukturanalysen können sich auf die Erfassung der Ge-
bäudenutzungen beschränken und damit die Analyse der freiflächenbe-
zogenen Nutzungen der Freiraum- und Grünstrukturanalyse überlassen.
Diese Arbeitsteilung bietet sich vor allem dann an, wenn eine geschoss-
weise Aufnahme der Nutzungen durchgeführt wird. Meistens umfassen
solch hoch detaillierte Analysen lediglich kleine Untersuchungsgebiete.
> Abb. 31 und 32

Nutzungen werden im Regelfall durch Ortsbegehungen, d.h. nach
Augenschein ermittelt. Viele Informationen können aber auch durch die
Angaben der Liegenschaftskarte ermittelt werden. In manchen Fällen kön-
nen Verwaltungen Datenbestände ihres GIS-Systems zur Bestimmung der
Flächennutzungen zur Verfügung stellen. > Kap. Durchführung, Datenbeschaffung
und -verarbeitung Weitere Quellen können Firmenverzeichnisse der jeweiligen
Unternehmerverbände sein. Hier besteht jedoch die Gefahr, dass sich im
Untersuchungsgebiet zwar der postalische Sitz eines Unternehmens, nicht
jedoch die Stätte der Unternehmensleistungen befindet.

Zwischen den in einem Untersuchungsgebiet vorhandenen Nutzungen kann, je nach Detaillierungsgrad, unterschiedlich fein differenziert
werden. Nachfolgend wird eine Gliederung in Haupt- und Unterkategorien
vorgeschlagen. > Abb. 33

Abb.33:
Analysekarte Nutzungsstruktur mit Legende

Legende:
- Wohnhaus in Reihe
- Geschosswohnungsbau; nicht geschl. Bauweise
- Geschosswohnungsbau; geschl. Bauweise
- Einzelhaus
- Mischbauflächen
- Gewerbeflächen
- Wohnbrache
- Wohn- u. Erschließungsstraßen
- sonstige Wege/Straßen
- Parkplatzflächen
- Einzelhandel mit Gütern des täglichen Bedarfs

Wohnen

Allgemeine Wohnfunktionen können nach der Art der Bebauungsstruktur unterschieden werden, so z.B. Einzel-, Doppel- und Reihenhausbebauung sowie Geschosswohnungsbau in geschlossener oder offener Bauweise. <u>Besondere Wohnformen</u> – etwa das Betreute Wohnen und Heime – werden gesondert ausgewiesen, da sie besondere Anforderungen an die Nahversorgung und verkehrstechnische Erschließung stellen.

Gewerbe

Gewerbliche Nutzungen werden nach ihren Störgraden bzw. ihrer Wohnverträglichkeit unterschieden:

- <u>Industriegewerbe</u> hat die höchsten Störgrade und ist deshalb in planungsrechtlich gesicherten Industriegewerbegebieten angesiedelt.
- <u>Gewerbe</u> umfasst alle gewerblichen Nutzungen, die hauptsächlich in planungsrechtlich gesicherten Gewerbegebieten vorkommen, z.B. verarbeitendes Gewerbe, Speditionen und Lagerung, Großhandel, städtische Betriebshöfe und Handwerksbetriebe. In

43

diesem Fall wird auch von sogenanntem <u>Grauen Gewerbe</u> gesprochen.

_ <u>Nicht störendes Gewerbe</u> sind wohnverträgliche Gewerbenutzungen, die im Regelfall dem Dienstleistungs- oder Einzelhandelsgewerbe zugeordnet werden können.

Dienstleistungs-
gewerbe

Dienstleistungsgewerbe erbringt nicht materielle Leistungen und ist daher von direkten Austauschbeziehungen zwischen Menschen abhängig. Demnach kann Dienstleistungsgewerbe bezüglich der Intensität des Publikumsverkehrs unterschieden werden:

_ <u>Kundenorientiertes Dienstleistungsgewerbe</u> beschreibt Dienstleistungseinrichtungen mit regelmäßigem Publikumsverkehr, etwa Reisebüros oder freizeitorientierte Dienstleistungsbetriebe.
_ <u>Nicht kundenorientierte Dienstleistungsbetriebe</u> können z. B. Büros sein.

Dienstleistungen können den Charakter von Versorgungseinrichtungen haben, deshalb kann zwischen <u>Dienstleistungsgewerbe mit und ohne Versorgungsfunktion</u> unterschieden werden. Dienstleistungsgewerbe mit Versorgungsfunktion sind z. B. Arztpraxen oder Filialen des Post- und Paketdienstes.

Einzelhandel

> 📎

Der Einzelhandel besteht aus Unternehmen, die Waren an Endverbraucher verkaufen. In Abgrenzung dazu richtet sich der Großhandel an Wiederverkäufer.

Bei Analysen auf Stadtteilebene werden Einzelhandelseinrichtungen mit Waren des täglichen Bedarfs zusätzlich gekennzeichnet, weil sie für die Nahversorgung der Einwohner von Bedeutung sind. Nahversorger für den täglichen Bedarf sollten in einem Entfernungsradius (Luftlinie) von nicht mehr als 500 Metern (gute Nahversorgungssituation) bis etwa 700 Metern (zufriedenstellende Nahversorgungssituation) vom Wohnstandort entfernt liegen. Waren des täglichen Bedarfs sind Nahrungs- und Genussmittel, Getränke sowie Gesundheits- und Körperpflegeartikel. Bei der Bewertung der

📎

\\ Hinweis:
Der Einzelhandel kann nach vielen Kriterien
unterschieden werden, beispielsweise nach
Absatzformen (SB-Laden, Supermarkt, Fachge-
schäft, Fachmarkt usw.), Zentralität, Ein-
zugsbereichen, Branchengruppen sowie nach
Einkaufslagen.

Nahversorgungssituation können Dienstleistungseinrichtungen, z. B. Arztpraxen oder Postagenturen, einbezogen werden.

Mischnutzung

Von Mischnutzung wird gesprochen, wenn eine Mischung aus Wohnen und anderer – meist wohnverträglicher – Nutzung vorliegt. Je nach Detaillierungsgrad der Stadtanalyse kann zwischen verschiedenen Mischungsarten, z. B. Wohnen und Gastronomie oder Wohnen und Dienstleistungsgewerbe, differenziert werden. Aber auch Differenzierungen, die zwischen unterschiedlichen Mischungsgraden unterscheiden, sind gebräuchlich. In diesem Sinne wird dargelegt, ob Wohnen oder Gewerbe der vorherrschende Mischungspartner ist.

Gemeinbedarfs-
einrichtungen

Öffentliche Einrichtungen, die der Allgemeinheit dienen, sind Gemeinbedarfseinrichtungen. Dazu zählen insbesondere Schulen, Kindergärten und Kindertagesstätten, Kirchen, kulturelle Einrichtungen und Verwaltungen. Aber auch freiräumliche Einrichtungen wie Spielplätze und Friedhöfe können als Gemeinbedarfseinrichtung aufgenommen werden.

Freizeiteinrichtungen und soziale Einrichtungen können Gemeinbedarfseinrichtungen sein, sie werden im Einzelfall aber auch von privaten Betreibern geführt. Je nach Charakter – öffentlich oder privat – werden dieser Einrichtungen als Gemeinbedarfseinrichtung oder als kundenorientiertes Dienstleistungsgewerbe gewertet.

Gastronomie und
Beherbergungs-
gewerbe

Gastronomie erfasst Einrichtungen, die gastronomische Dienstleistungen anbieten, z. B. Restaurants, Schnellimbisse, Cafés, Bierlokale oder Eisdielen. Beherbergungsgewerbe sind bewirtschaftete Hotels und Herbergen.

Vergnügungs-
stätten

Einrichtungen, bei denen die Unterhaltung und Entspannung im Vordergrund stehen, z. B. Spielhallen und Diskotheken, sind Vergnügungsstätten. Weil sie in der Regel höhere Störgrade erzeugen, werden sie im Zuge einer Stadtanalyse als eigene Kategorie geführt.

Betriebsanlagen

Betriebsanlagen sind Einrichtungen oder Gebäude zur Regelung und Versorgung des Stadtgebiets mit bestimmten Versorgungsmedien oder zur Steuerung bestimmter Betriebsabläufe. Hierzu zählen z. B. Gasregelstation, Transformatorenanlagen oder Kläranlagen. Viele dieser Anlagen sind von Schutzzonen umgeben, d. h. zwischen Betriebsanlage und den umgebenden Nutzungen müssen bestimmte Schutzabstände eingehalten werden.

Verkehr

In der Verkehrsstrukturanalyse wird eine Differenzierung nach unterschiedlichen Straßentypen oder Kostenträgern vorgenommen. Gleichwohl kann auch die Nutzungsstrukturanalyse Angaben zu Verkehrsanlagen enthalten.

Verkehrsbauten, z. B. Bahnhof oder Busterminal, können als solche erfasst werden oder sie werden den Gemeinbedarfseinrichtungen zugeordnet.

Wichtige freiräumliche Nutzungen, die grundsätzlich im Zuge der Freiraum- und Grünstrukturanalyse untersucht werden, können in der Nutzungsstrukturanalyse übernommen werden. Hierzu zählen z. B. Parks oder Spielplätze, die den Gemeinbedarfseinrichtungen zugeordnet werden können.

Leerstand ist ein funktionaler Missstand. Wenn er massiv auftritt, ist das in der Regel ein Hinweis auf die Unattraktivität eines Standortes. Meist sind städtebauliche Störungen oder Fehlentwicklungen dafür verantwortlich. Die Feststellung und Qualifizierung von Leerstand ist schwierig, weil zum einen ein Befund nach Augenschein nicht immer möglich ist und zum anderen die Dauer nur durch langfristige Beobachtungen ermittelt werden kann.

Bei den Leerständen wird zwischen Gebäuden mit Wohnnutzung und gewerblicher Nutzung differenziert, da die Ursachen oft verschieden sind und zur Beseitigung unterschiedliche Maßnahmen erforderlich sind. Ferner empfiehlt sich eine Differenzierung in Gebäudeteil- und Gesamtleerstände. › Abb. 34

Außergewöhnliche Nutzungen, die nur einmal oder sehr selten im Untersuchungsgebiet vorhanden sind, werden im Regelfall einzeln im Auswertungsplan gekennzeichnet und beschriftet, um lange und unübersichtliche Legendenstrukturen zu vermeiden.

Garagen, Unterstände und ähnliche Anlagen können als Nebenanlagen erfasst werden.

Hauptanliegen der Nutzungsanalyse ist die Ermittlung von Teilräumen mit vergleichbarer Nutzungsart und damit die Bestimmung der Nutzungskörnung. Die Erfassung dieser Hauptlagen ist deshalb besonders wichtig, um etwaige Störungen zwischen den unterschiedlichen Nutzungsbereichen zu erfassen. Nutzungen werden bestimmte Störgrade, aber auch Schutzansprüche zugewiesen. Starke Nutzungsgefälle, also Nachbarschaften von Nutzungen mit sehr unterschiedlichen Schutzansprüchen und Störgraden, führen im Regelfall zu Konflikten. Flache Nutzungsgefälle,

🏠

\\ Hinweis:
Neben der Feststellung nach Augenschein lassen
sich Leerstände auch durch Auswertung der ein-
richtungsbezogenen Stromverbräuche ermitteln.
Diese Methode setzt die Zusammenarbeit mit
den zuständigen Versorgungsunternehmen voraus
und kommt daher in der Praxis nur selten zur
Anwendung.

Abb.34:
Leerstand kann ein Hinweis auf einen
funktionalen Missstand sein.

Abb.35:
Abstrakte Skizze zur Veranschaulichung
der Einbindungssituation

also Nachbarschaften mit ähnlichen Schutzansprüchen und Störgraden, bergen hingegen ein geringes Konfliktpotenzial.

Übergebietlicher Kontext

Bei der Ermittlung von Teilräumen mit vergleichbarer Nutzungsart müssen immer auch die an das Untersuchungsgebiet angrenzenden Quartiere einbezogen werden, da auch diese Teilräume Störungen oder Schutzansprüche auslösen können.

Die Körnung eines Gebiets gibt Auskunft über die Nutzungsverteilung und damit Informationen zur nutzungsbezogenen Ausgewogenheit des Untersuchungsgebiets. In diesem Verhältnis drückt sich ferner die Zweckbestimmung und Zentralität des Untersuchungsgebiets im gesamtstädtischen Kontext aus. Diese Kategorien orientieren sich in der Regel an planungsrechtlichen Gebietstypen: › Abb. 35

_ Reines Wohngebiet
_ Wohngebiet mit begrenztem Anteil wohnverträglicher Arbeitsstätten
_ Mischgebiet
_ Kerngebiet und Zentrum
_ Gewerbegebiet
_ Industriegebiet
_ Sondergebiet

Schlussfolgerung

Bei der abschließenden Bewertung muss die Zweckbestimmung des Untersuchungsgebiets berücksichtigt werden. Anhand dieses Bewertungsmaßstabs wird bestimmt, welche Befunde im Einklang und welche im Widerspruch zu dieser Zweckbestimmung stehen. › Kap. Interpretation und Illustration Damit ist das Aufzeigen etwaiger Nutzungskonflikte zentrales An-

Abb.36:
Gemischte Nutzungsstruktur: Zweckbestimmung des Untersuchungsgebiets oder Ursache von Nutzungskonflikten?

Abb.37:
Regelquerschnitte geben räumliche Merkmale einer Straße wieder.

liegen der Nutzungsstrukturanalyse. Hierbei muss zwischen Ursache, z.B. unverträgliche Nachbarschaften, und Wirkung, z.B. vermehrtes Auftreten von Leerständen, unterschieden werden. › Abb. 36

VERKEHRSSTRUKTURANALYSE

Die Verkehrsstrukturanalyse untersucht den Bestand an Verkehrsanlagen im Untersuchungsgebiet sowie die Erschließung und Einbindung des Untersuchungsgebiets durch Verkehrsnetze. Straßen sind in diesem Zusammenhang jedoch nicht nur Verkehrsbauten, sie sind gleichzeitig öffentliche Räume und damit maßgeblich verantwortlich für die stadträumliche Wahrnehmung eines Untersuchungsgebiets. Die gestalterischen Merkmale einer Straße sollten daher auch Gegenstand einer Stadtanalyse sein. Oft lassen sich charakteristische Merkmale für jede Straße ermitteln. Sinnvoll ist die Beschreibung der jeweiligen Ausbaustandards der Straßennetzbestandteile. Sie geben neben der Leistungsfähigkeit die Aufenthaltsqualität der verschiedenen Straßenräume wieder: › Abb. 37

_ Proportionen der Straßenbreite und der angrenzenden Bebauung
_ Aufteilung des Straßenraums in Fahrbahn und Seitenraum
_ Art, Form und Größe der Straßenbäume
_ Stadtmöblierung und Oberflächenmaterialien
_ Beleuchtungskörper und -arten

Hohe Detaillierungsgrade bei der Analyse der Verkehrsstruktur können nur unter Einbindung eines Fachingenieurs erreicht werden. Oftmals liegen bereits Verkehrsgutachten vor, sodass Analyseergebnisse in

› ◫

die Stadtanalyse übernommen werden können. Neben einer Analyse nach Verkehrsgegenstand (Güter- und Personenverkehr), nach dem Zweck des Verkehrs (Einkaufs-, Berufs-, Freizeitverkehr usw.) sowie nach Entfernung (Ziel-, Quell-, Binnen- und Durchgangsverkehr) sind hier meist Angaben zu Verkehrsbelastungen enthalten.

Verkehr kann hinsichtlich vieler Strukturmerkmale analysiert werden. Im Zuge von Stadtanalysen wird im Regelfall primär nach der Art des Verkehrsmittels unterschieden und damit nach <u>Kraftfahrzeug-verkehr</u>, <u>öffentlichem Personennahverkehr (ÖPNV)</u> sowie <u>Fuß- und Fahr-radverkehr</u>.

Kraftfahrzeugverkehr

Fließender
Verkehr

Zur Analyse des fließenden Verkehrs werden in einem ersten Schritt die im Untersuchungsgebiet vorhandenen Straßen nach ihrer Leistungsfä-higkeit einer hierarchischen Skala zugeordnet: › Abb. 38

_ Schnellverkehrsstraße / überregionale Hauptverkehrsstraße
_ Hauptverkehrsstraße
_ Verbindungsstraße
_ Hauptsammelstraße
_ Quartierserschließende Straße
_ Sonstige verkehrswichtige Straße
_ Land- und forstwirtschaftliche Wege

Aus dieser Analyse lässt sich die Struktur des Straßenverkehrsnetzes im Untersuchungsgebiet bestimmen. In den meisten Fällen bildet der Stra-ßenbestand eine hierarchische Netzstruktur, d.h., der Verkehr verteilt sich ungleichmäßig im Netz. In diesem Sinne ist das Netz arbeitsteilig: Stark belastete Straßen bündeln, mäßig bis gering belastete Straßen verteilen den Verkehr. Je nach Verkehrsbelastung der Netzteile lassen sich ihnen die Funktionen Verbinden (starke Belastung), Erschließen (mäßige Belastung)

Hauptverkehrsstraße

Verbindungsstraße

Hauptsammelstraße

quartierserschließende
Straße

Abb.38:
Analysekarte Straßenverkehrsnetz

und Aufhalten (geringe Belastung) zuordnen. Abweichungen von dieser Zuordnung führen im Regelfall zu Konflikten.

› 📎

Ruhender
Verkehr

Geparkte Fahrzeuge (und nicht fahrbereite Fahrzeuge) werden als ruhender Verkehr bezeichnet. Im Zuge der Stadtanalyse werden im Regelfall
Ausstattung sowie Belegungsintensität der öffentlichen Stellplätze analysiert. Öffentliche Stellplätze befinden sich im Bereich öffentlicher Straßenräume sowie auf gekennzeichneten Sammelanlagen (ebenerdige Stellplatzanlage, Tiefgarage, Parkhaus). Sie werden unterschiedlich bewirtschaftet:
Das Spektrum reicht von nicht gebührenpflichtigen Stellplätzen über Regelungen zur zeitlichen Befristung bis zu gebührenpflichtigen Stellplätzen. › Abb. 39

› 📎

Die jeweiligen Nutzungen des Untersuchungsgebiets verursachen
unterschiedliche Stellplatzbedarfe. Daher interessiert neben dem Versorgungsgrad mit Stellplätzen auch die räumliche Zuordnung der Stellplätze
zu den Nutzungen.

Übergebietlicher Kontext

Bei der Verkehrsstrukturanalyse werden sowohl die Erschließungsstruktur innerhalb des Untersuchungsgebiets als auch die Einbindung des
Untersuchungsgebiets in das gesamtstädtische bzw. regionale Straßen-

50

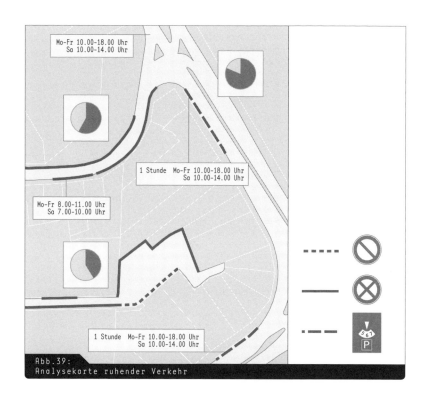

Mo-Fr 10.00-18.00 Uhr
Sa 10.00-14.00 Uhr

1 Stunde   Mo-Fr 10.00-18.00 Uhr
           Sa 10.00-14.00 Uhr

Mo-Fr 8.00-11.00 Uhr
Sa 7.00-10.00 Uhr

1 Stunde   Mo-Fr 10.00-18.00 Uhr
           Sa 10.00-14.00 Uhr

Abb.39:
Analysekarte ruhender Verkehr

verkehrsnetz analysiert. Hierzu muss die Netzform des übergebietlichen
Verkehrsnetzes, z.B. ein Radial- oder Ringsystem, erfasst werden. In der
Regel überlagern sich Verkehrsnetze mit unterschiedlichen Raumbezügen
in einem Untersuchungsgebiet. Großräumige Verkehrsnetze stellen einen
direkten Zugang zu den übergebietlichen Räumen her, sie belasten aber
gleichzeitig ein Untersuchungsgebiet mit Durchgangsverkehr und damit

\\ Hinweis:
Das Straßennetz kann auch nach der Art des
jeweiligen Kostenträgers differenziert werden,
z.B. Autobahnen, Bundesstraßen, Landesstraßen,
Kreisstraßen, Kommunalstraßen und Privat-
straßen. Bei kleinen Untersuchungsgebieten ist
diese Methode jedoch nicht sinnvoll, da der
vorhandene Straßenbestand nur unzureichend differenziert wird.

\\ Hinweis:
Die Belegungsintensität wird innerhalb eines
repräsentativen Zeitraums ermittelt. Sie
berechnet die belegten Stellplätze in Bezug auf
den Gesamtbestand. Außerdem kann die Belegungs-
ganglinie und damit der Nutzungsgrad im Ver-
lauf eines Tages oder einer Woche beschrieben
werden.

51

Hauptverkehrsstraße

Verbindungsstraße

Gleistrasse

Abb. 40:
Analysekarte verkehrliche Einbindung

mit Staub- und Lärmimmissionen. Je nach dem räumlichen Zusammentreffen dieser Netze und Nutzungen können Störungen innerhalb des Untersuchungsgebiets auftreten. › Abb. 40

Öffentlicher Personennahverkehr (ÖPNV)

ÖPNV bezeichnet Personenbeförderung im Nahverkehr, der für jeden Nutzer zugänglich ist. Er ist in der Regel linien- und fahrplangebunden. Stadtanalysen untersuchen den ÖPNV hinsichtlich der Erreichbarkeit von Haltestellen, Häufigkeit der Haltestellenanfahrten und der Netzstruktur. Dabei wird zwischen den verschiedenen Verkehrssystemen des ÖPNV unterschieden:

_ Schienengebundene Systeme (Regionalzüge, S-Bahnen, Stadtbahnen, U-Bahnen, Straßenbahnen)
_ Linienbussystem
_ Sonstige Systeme (z. B. Anruf-Sammel-Taxi, Bürgerbus)

Abb.41:
Analysekarte Öffentlicher Personennahverkehr

Ein wichtiges Kriterium ist die Ausstattung mit Haltestellen. Entfernungen der Haltestellen zu relevanten Wohn- und Arbeitsplatzstandorten von maximal 300 Metern (Luftlinie) stellen einen guten, Entfernungen bis maximal 500 Meter einen zufriedenstellenden Netzzugang dar. Topografische Verhältnisse, bestehende Anlagen der Fußwegesicherung (z.B. Fußgängerfurten und -übergänge) sowie räumliche Barrieren und damit erzwungene Umwege müssen bei dieser Analyse berücksichtigt werden. Außerdem wirkt sich der technische Ausbaustandard (z.B. Aufzüge zu Bahnsteigen, Hochborde im Zusammenspiel mit Niederflurtechnik) auf die Zugänglichkeit aus.

Die Qualität des ÖPNV ist wesentlich von der Häufigkeit der Haltestellenanfahrten sowie der Netzgeschwindigkeit abhängig: Getakteter Fahrbetrieb, hohe Taktdichten, lange Tagesfahrbetriebe sowie der Bestand an Beschleunigungsanlagen (z.B. Busspuren, Vorrangschaltungen für den ÖPNV an den Lichtsignalanlagen) sind maßgebliche Qualitätskriterien bei der Analyse des ÖPNV. › Abb. 41

Untersuchungsgebiete können in ein auf ein Zentrum ausgerichtetes Netz oder in eine dezentrale Netzstruktur eingebunden sein. Zentrale Netze haben lediglich einen Netzknoten, der Umsteigebeziehungen zu anderen Fahrlinien oder Verkehrssystemen bereithält. Dezentrale Netze bilden mehrere Netzknoten. Viele Netze stellen Mischsysteme dar. Demnach ist zur Beurteilung des ÖPNV nicht nur der Bestand an Haltestellen innerhalb eines Untersuchungsgebiets, sondern auch die räumliche Beziehung des Untersuchungsgebiets zu diesen Netzknoten relevant.

Fuß- und Fahrradverkehr

Je nach Ausstattungsgrad im Untersuchungsgebiet bilden Anlagen für den Fuß- und Fahrradverkehr selbstständige Elemente oder lediglich Fragmente einer Netzstruktur.

Bei der Analyse des Fußwegenetzes werden nur selbstständig geführte Fußwege aufgenommen. Gehwege im Straßenseitenraum werden nur in hoch detaillierten Verkehrsstrukturanalysen behandelt.

Bei der Analyse des Fahrradverkehrs werden im Regelfall alle Fahrradverkehrsanlagen aufgenommen. Es wird unter anderem zwischen Fahrradwegen im Straßenseitenraum, Fahrradstreifen (markierter Fahrbereich auf der Fahrbahn), selbstständig geführten Fahrradwegen und Fahrradstraßen unterschieden.

Der Ausbaustandard des Fuß- und Fahrradwegenetzes sowie der Bestand an Sicherungsanlagen beeinflussen die Verbindungsqualität zwischen den Teilräumen des Untersuchungsgebiets sowie zur Umgebung maßgeblich. Deshalb müssen neben den gesicherten Fahrbahnquerungen (z.B. Furten und Überwege) sämtliche Anlagen zur Führung des Fahrradverkehrs in den Knotenpunkten aufgenommen werden. Umgekehrt werden die Bereiche benannt, die besonders unkomfortabel und gefährlich sind. Außerdem werden sämtliche Nutzungen innerhalb des Untersuchungsgebiets aufgenommen, die Ausgangs- und Zielpunkte der verschiedenen Verkehrsmittel sind. › Abb. 42

Bei Stadtanalysen sind besonders die Fuß- und Fahrradwege von Interesse, die das Untersuchungsgebiet mit seiner Umgebung bzw. den benachbarten Quartieren vernetzen. Bei gesamtstädtischen Analysen oder vergleichbar großen Untersuchungsgebieten empfiehlt sich eine Differenzierung der Fuß- und Radwegeanlagen in Freizeit- und Alltagsnetze. Während die Freizeitnetze im Regelfall den Zugang zu den regionalen Erholungseinrichtungen herstellen, sind Alltagsnetze auf die schnelle Erreichbarkeit städtischer Funktionsschwerpunkte ausgelegt.

Schlussbetrachtung Verkehrsstrukturanalyse

Nutzungen erzeugen bestimmte Erschließungsbedarfe, also unterschiedlich dimensionierte Verkehrssysteme und -anlagen. Hier gilt

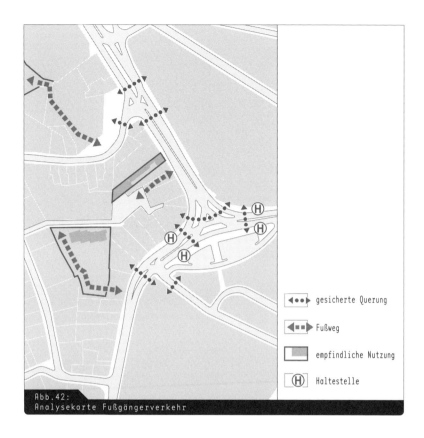

gesicherte Querung

Fußweg

empfindliche Nutzung

Haltestelle

Abb.42:
Analysekarte Fußgängerverkehr

es, die unterschiedlichen Versorgungsgrade und -störungen sowie den Erschließungsaufwand und die -qualität aufzuzeigen. Umgekehrt haben alle Nutzungen des Untersuchungsgebiets bestimmte Schutzansprüche in Bezug auf Staub- und Lärmimmissionen. Hohe Belastungen durch den motorisierten Verkehr beeinträchtigen die Qualität angrenzender Wohnfunktionen sowie die Aufenthaltsqualität im Straßenraum. Er wirkt außerdem als räumliche Barriere und zerschneidet damit ein Untersuchungsgebiet. Gleichzeitig können hoch belastete Straßenräume Zentren urbanen Lebens darstellen. Diese Belange sind bei einer abschließenden Bewertung abzuwägen. › Abb. 43

Auch die verschiedenen Verkehrsarten stellen untereinander konkurrierende Nutzungsansprüche an den Straßenraum. Der hohe Ausbaustandard eines Verkehrsnetzes kann die Leistungsfähigkeit eines anderen Netzes mindern. So kann z. B. der Bestand an Busspuren den Benutzungskomfort des öffentlichen Nahverkehrs erhöhen, gleichzeitig aber den motorisierten Individualverkehr beeinträchtigen.

Abb.43:
Straßen müssen hinsichtlich des Zusammenwirkens mehrerer Belange bewertet werden.

Alle Netze gilt es dahingehend zu beurteilen, ob sie die räumliche Orientierung unterstützen und damit einfach nachvollziehbar und einprägsam sind. Gute Orientierungsmöglichkeiten erhöhen den Komfort und das Sicherheitsempfinden der Netzteilnehmer.

FREIRAUM- UND GRÜNSTRUKTURANALYSE

Die Freiraum- und Grünstrukturanalyse hat im Wesentlichen zwei Aufgaben:

1. Die Darstellung der freiräumlichen Strukturelemente sowie ihrer Schutzansprüche in Bezug auf Artenschutz und Ökologie. Die Bearbeiter einer Stadtanalyse fertigen im Regelfall keine eigene ökologische Analyse an, sondern übernehmen relevante Informationen aus externen Fachgutachten.
2. Die Untersuchung freiflächenbezogener Nutzungen und ästhetischer Qualitäten sowie der Wechselwirkungen zwischen Freiraum- und Siedlungsstruktur. Die räumlichen Qualitäten der Grün- und Freiraumstruktur werden von den Bearbeitern einer Stadtanalyse selbst erhoben und ausgewertet.

Flächenbezogene Merkmale

Ähnlich wie bei der Nutzungsstrukturanalyse kann die Freiraum- und Grünstrukturanalyse sämtliche flächenbezogenen Realnutzungen erfassen. Bei diesem Vorgehen ist – anders als bei der Nutzungsstrukturanalyse – die freiräumliche Nutzung der Flurstücke relevant. Dabei werden alle Einzelflächen in Bezug auf ihren Freiraumcharakter aufgenommen. Wegen der inhaltlichen Überschneidung mit der Nutzungsstrukturanalyse

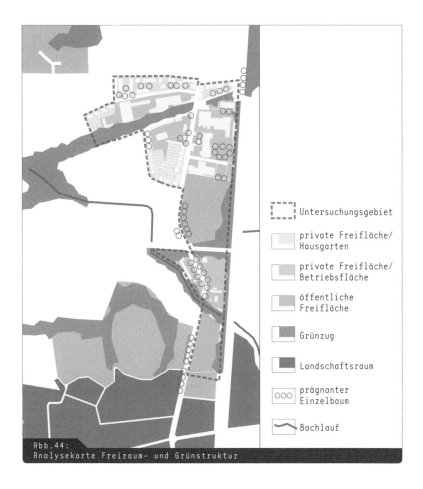

Untersuchungsgebiet

private Freifläche/
Hausgarten

private Freifläche/
Betriebsfläche

öffentliche
Freifläche

Grünzug

Landschaftsraum

prägnanter
Einzelbaum

Bachlauf

Abb.44:
Analysekarte Freiraum- und Grünstruktur

wird bei Stadtanalysen oftmals auf dieses arbeitsintensive Vorgehen verzichtet und lediglich zwischen den Hauptmerkmalen der Freiraum- und
Grünstrukturanalyse differenziert. Die Hauptgliederung dieser Differenzierung orientiert sich dabei an der Art der Aneignung dieser Flächen. Erfasst werden: › Abb. 44

_ Öffentliche Freiflächen, z.B. öffentliche Parks, Festplätze, Uferpro-
menaden, Wasserflächen
_ Einrichtungsgebundene öffentliche Freiflächen, z.B. Schulhöfe,
Kindergarten-Freiflächen, Tiergarten
_ Halb öffentliche Freiflächen, z.B. Innenhof einer Wohnanlage, Frei-
flächen eines Bürogebäudes
_ Private Freiflächen, z.B. Garten, Betriebsgelände

Der Landschaftsraum wird im Regelfall nur in gesamtstädtischen Analysen nach unterschiedlichen Freiraumtypen differenziert. Hier werden erfasst:

_ Landwirtschaftlich genutzte Flächen (z. B. Ackerfläche, Grünland, Weinberg)
_ Wald (z. B. Schutzwald, Erholungswald)
_ Sonstige Flächen (z. B. Heide, Moor, Wasserflächen)

Räumlich wirksame Strukturelemente

Neben der flächenbezogenen Aufnahme erfasst die Freiraum- und Grünstrukturanalyse natürliche Strukturmerkmale, die räumlich besonders wirksam sind. Solche Strukturmerkmale sind unter anderem:

_ Markante Einzelbäume und Baumgruppen
_ Lineare Strukturen wie z. B. Allee oder Hecke
_ Grünzüge

Räumliche Merkmale der Grün- und Freiraumstruktur lassen sich nur bedingt durch eine standardisierte Legendenstruktur in einer Karte verorten, weil oft Einzelsituationen betroffen sind. Für die Dokumentation der Analyseergebnisse bieten sich deshalb räumliche Skizzen oder abstrakte Piktogramme an. › Abb. 45

Bewertung der Merkmale

Die Freiraum- und Grünstrukturanalyse bewertet zunächst den Eigenwert der Einzelmerkmale. Bewertet werden Elemente, die nach den folgenden vier Kriterien besondere Bedeutung haben. Dabei können Elemente von mehreren Kriterien erfasst werden:

_ Historische Bedeutung: bedeutende Elemente der Gartenbaukunst oder der Kulturgeschichte (z. B. historische Parks und Elemente einer Kulturlandschaft)
_ Räumliches Erleben: räumliche Qualitäten wie z. B. das Wechselspiel aus Bepflanzung und Freiraum oder das Zusammenwirken von Freiraum und Topografie
_ Erholungswert: Bereiche mit speziellen Erholungsfunktionen (z. B. siedlungsnahe Parks und Stadtwälder)
_ Nutzwert: wichtige Funktionen im Sinne der Freiraum- und Grünstruktur vor dem Hintergrund der flächenbezogenen Erfassung der Nutzungen
_ Schutzwert: Elemente der Grün- und Freiraumstruktur mit gesetzlichen Schutzansprüchen

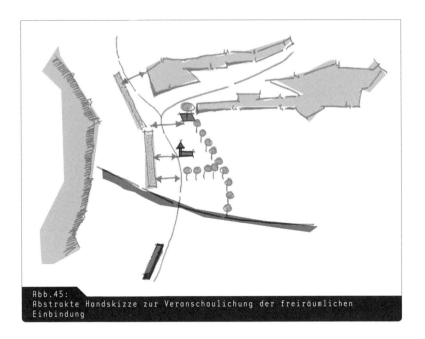

Abb.45:
Abstrakte Handskizze zur Veranschaulichung der freiräumlichen Einbindung

Schutzzonen
und geschützte
Struktur-
elemente

Der Bestand an Schutzzonen und geschützten Strukturelementen muss aus entsprechenden Planwerken und Fachgutachten nachrichtlich in die Stadtanalyse übernommen werden:

_ Schutzzonen mit definierten Nutzungsverboten: Schutz von Tier- und Pflanzenwelten, landschaftlichen Eigenarten (z.B. Land- schafts- und Naturschutzgebiete) sowie Schutz von Trinkwasser- ressourcen und Frischluftschneisen
_ Geschützte Strukturelemente: Schutz von Einzelelementen der Tier- und Pflanzenwelt wie z.B. Einzelbaum, Hecke oder Uferböschung

\\ Hinweis:
Je nach Nutzungsintensität ist der Erholungs- wert von Freiräumen unterschiedlich. Siedlungs- nahe Freiräume sind oft stark, zusammenhängende Landschaftsräume meist schwach von Besuchern frequentiert.

Abb. 46:
Analysekarte Schutzzonen

Stadtanalysen verorten alle Schutzzonen und geschützte Strukturelemente, die für die städtebauliche Entwicklung des Untersuchungsgebiets
relevant sind, in einer maßstäblichen Karte. › Abb. 46

Zusammenwirken im Unter-
suchungsgebiet

Bei der freiräumlichen Analyse interessiert besonders die Wechsel-
beziehung zwischen Freiraum- und Siedlungsstruktur. Auf Grundlage der
freiräumlichen Bestandsaufnahme lassen sich Flächenanteile sowie die
räumliche Verteilung der jeweiligen Freiflächenarten bestimmen. Wichtig ist diese Berechnung zur Bestimmung des Versorgungsgrades des Untersuchungsgebiets mit bestimmten Erholungsflächen. Hier wird in der
Regel der Versorgungsgrad mit öffentlichen Erholungsflächen in Bezug
auf die Anzahl der Einwohner innerhalb des Untersuchungsgebiets bestimmt.

Kleingliedrige Siedlungsstrukturen in städtischer Randlage sind
gewöhnlich mit wohnungsbezogenen Hausgärten ausgestattet. In diesem
Fall ist der Bedarf an öffentlichen Freiflächen niedrig. Innerstädtische,
verdichtete Siedlungsformen mit hohem Überbauungsgrad lösen hingegen
hohe Bedarfe bei der Versorgung mit öffentlichen Erholungsflächen aus.

Übergebietli-
cher Kontext

Bei der Analyse der Freiraum- und Grünstruktur muss die Einbindung des Untersuchungsgebiets in seine Umgebung bzw. in den gesamt-

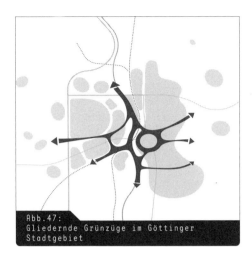

Abb. 47:
Gliedernde Grünzüge im Göttinger
Stadtgebiet

städtischen Kontext erfasst werden. Hier interessiert besonders, welche räumlichen Verbindungen zwischen den einzelnen Grünflächen und Grünelementen bestehen und wie das Untersuchungsgebiet freiräumlich mit seiner Umgebung vernetzt ist. › Abb. 47

Freiraum- und Grünstrukturen können charakteristische Geometrien bilden, z. B. ein Ringsystem oder ein System zentraler Korridore. Oftmals kommt es zur Überlagerung dieser Geometrien, z. B. beim radial-konzentrischen Freiraumsystem.

Auch kleine Verbindungselemente und schmale, grüne Korridore können in diesem Zusammenhang relevant sein. Die Analyse der Einbindungssituation zeigt außerdem auf, ob Freiflächen außerhalb des Untersuchungsgebiets zur Versorgung des Untersuchungsgebiets mit Erholungsflächen beitragen. Aufgenommen werden:

_ Vernetzung von Siedlung und Freiraum, Zugang zu siedlungsnahen Erholungsräumen
_ Grüne Verbindungselemente, z. B. Allee oder Grünstreifen
_ Zusammenspiel von Freiraum und Topografie, z. B. grüne Flussufer oder bepflanzte Böschungen
_ Räumliche Wirkung grüner Strukturelemente, z. B. Solitär, Reihe oder Gruppe
_ Landschaftsbild, z. B. offenes oder geschlossenes Landschaftsbild

Viele Freiraum- und Grünstrukturen entfalten erst im Zusammenspiel ihre Qualität. Oft sind diese Netze nicht vollständig, d. h., es bestehen Lücken oder räumliche Barrieren. Als planerisches Leitbild sollten auch die Verbindungslinien und Korridore aufgezeigt werden, die zum Zeitpunkt der Analyse nur im Ansatz bzw. bruchstückhaft vorhanden sind.

BAU- UND SIEDLUNGSSTRUKTURANALYSE

Die Bau- und Siedlungsstrukturanalyse untersucht die räumliche Beschaffenheit eines Untersuchungsgebiets. Es werden Eigenarten der Bebauung sowie das Verhältnis von Bebauung und Freiraum beschrieben.

Aufnahme der Einzelmerkmale

Bau- und Siedlungsstrukturanalysen können mit unterschiedlichen Detaillierungsgraden durchgeführt werden. Bei einer parzellenscharfen Aufnahme werden die Strukturmerkmale jedes Einzelgebäudes nach einem standardisierten Katalog aufgenommen und in einer Karte verortet. Stadtanalysen, die vorrangig denkmalpflegerische Belange bearbeiten, machen diesen Detaillierungsgrad notwendig. In diesem Fall werden z.B. folgende Strukturmerkmale aufgenommen: › Abb. 48

_ Geschossigkeit und Gebäudegröße (Maß der baulichen Ausnutzung)
_ Gebäudetypologie (z.B. Hausgruppen, Block, Zeile)
_ Bauweise (z.B. geschlossene oder offene Bauweise)
_ Dachform (z.B. Satteldach, Walmdach, Flachdach)
_ Firstrichtung (z.B. Trauf- oder Giebelstellung)
_ Erschließungssystem (z.B. Spännertyp, Laubenganghaus, Innenganghaus)
_ Besatz mit Stilelementen (z.B. Ornamentik, Balkenschmuck)
_ Baukonstruktion (z.B. Massivbau, Fassade)
_ Entstehungszeit, Bauepoche
_ Eigentumsverhältnis (Miet- oder Eigentumsform, Streubesitz oder Großakteur)

Körnung

Auf Basis der parzellenscharfen Aufnahme werden Teilräume mit ähnlichen Strukturmerkmalen abgegrenzt. Das so gewonnene Bild gliedert das Untersuchungsgebiet in Bereiche mit unterschiedlichen Siedlungsstrukturen und Entstehungsphasen. Hauptkriterien bei diesem Arbeitsschritt sind im Regelfall Maßstäblichkeit (Gebäudegröße), Gebäudetypologie und Entstehungszeit der Bebauung. Besonders einfach gelingt diese Abgrenzung bei städtebaulich homogenen Gebieten, also Teilräumen mit einer sortenreinen Bebauungsstruktur. Typische Siedlungsstrukturen sind:

_ Geschlossene Blockbebauung
_ Offene Zeilenbebauung
_ Verdichteter Flachbau
_ Frei stehender Geschosswohnungsbau
_ Einfamilienhausbebauung

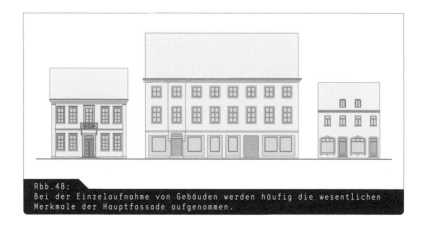

Schwieriger ist die Abgrenzung von Bereichen mit einer uneinheit-
lichen, scheinbar chaotischen Struktur. Diese Gebiete machen oft den
Hauptteil eines Untersuchungsgebiets aus. In diesem Fall wird der Grad
der Einheitlichkeit als Unterscheidungskriterium verwendet. Es kann z.B.
heißen:

_ Geschlossene Blockstruktur der Jahrhundertwende
_ Vorrangig geschlossene Bebauungsstruktur der Jahrhundertwende
  und der 1950er und 1960er Jahre
_ Offene Bebauungsstruktur mit Beständen aller Zeitepochen

In der Bau- und Siedlungsstrukturanalyse wird oftmals auf eine
arbeitsintensive Einzelaufnahme der Gebäude verzichtet. In diesem Fall
werden von vornherein Teilräume mit ähnlichen Siedlungsstrukturen abgegrenzt. Dieses Vorgehen erfordert in gemischten Stadtstrukturen ent-
sprechendes Erfahrungswissen. › Abb. 49

\\ Hinweis:
Weitere Informationen zu städtebaulichen Bebau-
ungstypologien sind in *Basics Stadtbausteine*
von Thorsten Bürklin und Michael Peterek,
erschienen im Birkhäuser Verlag, Basel 2008,
zu finden.

Abb.49:
Abgrenzung von Bereichen mit spezifischen Siedlungsstrukturen und Entstehungsphasen

Erst im Zusammenwirken mehrerer Gebäude bzw. im Zusammenspiel von Gebäuden und Freiraum entstehen städtische Räume. Diese Räume haben sehr unterschiedliche Merkmale wie: > Abb. 50 und 51

_ Räumliche Abgrenzung: Räume mit geschlossenem (klare Raumtrennung) oder offenem Charakter (fließende Raumübergänge)
_ Geometrie der Räume: Raumbildung durch geometrische Raumkanten (z.B. Baufluchten) oder durch freie Stellung der raumbegrenzenden Gebäude
_ Proportion der Räume: Verhältnis von Gebäuden zu Freiräumen mit unterschiedlichen Dichten und Weiten

Neben der Erfassung dieser Merkmale gilt es umgekehrt Fehlstellen und Störungen innerhalb dieser Kompositionen aufzuzeigen.

Abb.50:
Offene Bebauungsstruktur mit freier
Stellung der raumbildenden Gebäude

Abb.51:
Vorwiegend geschlossene Bebauung mit
Baufluchten

Übergebietlicher Kontext
Meistens sind Bau- und Siedlungsstrukturen in übergebietliche Raumstrukturen oder Strukturelemente eingebunden. In dieser Beziehung wird häufig die innere Logik einer Siedlungsstruktur deutlich; sie unterstützt die räumliche Orientierung innerhalb der Stadt. Typische Beziehungen sind:

– Topografie und Siedlungsstruktur: Bebauung der topografisch unterschiedlich geprägten Bereiche mit spezifischen Siedlungsstrukturen (z. B. großformatige Gebäude in der Ebene, kleingliedrige Siedlungsstrukturen in topografisch stark bewegten Gebieten)

– Ausrichtung auf ein räumliches Zentrum: Steigerung der Siedlungsmerkmale in Richtung auf ein Zentrum (z. B. Zunahme der Siedlungsdichte vom Stadtrand zum Zentrum)

Ausnahmen von diesen Regeln werden oft als Störungen erfasst. Ausnahmen können aber auch besonders exponierte Gebäude oder Raumelemente sein, denen die Funktion wichtiger Merkpunkte zukommt.

Schlussfolgerung
Die Analyse der Bau- und Siedlungsstruktur liefert Hinweise auf die Funktionsbestimmung des Untersuchungsgebietes. Die Rückschlüsse gelingen dann am einfachsten, wenn die Bau- und Siedlungsstrukturanalyse von den Ergebnissen der Nutzungsstrukturanalyse überlagert wird. Ein zentrumsnahes, dichtes Quartier mit gemischten Nutzungsstrukturen übernimmt in der Regel Versorgungsfunktionen für andere Stadtquartiere. Aufgrund der städtebaulichen Dichte bestehen hier aber auch hohe Anforderungen an die Versorgung mit öffentlichen Erholungsflächen, die gegebenenfalls außerhalb des Untersuchungsgebiets zur Verfügung gestellt werden müssen.

SOZIALRAUMANALYSE

Die Sozialraumanalyse befasst sich mit der Wechselwirkung zwischen Raum- und Bevölkerungsstruktur. So wird untersucht, welche Stadtgebiete mit ähnlichen Bevölkerungs- und Raumstrukturmerkmalen abgegrenzt

Abb.52:
Analyse demografischer Merkmale: Die statistischen Erhebungsräume
haben die Ausdehnung von Quartieren.

werden können. Sozialraumanalysen werden im Regelfall von Sozialwissenschaftlern durchgeführt, Stadtanalysen übernehmen die wichtigsten Ergebnisse dieser Gutachten und überlagern sie mit weiteren Ergebnissen der Stadtanalyse. Durch diese Überlagerung werden wichtige Erkenntnisse für die städtische Sozialplanung gewonnen, aus der wiederum räumliche und inhaltliche Schwerpunkte der Stadtentwicklung und der sozialen Daseinsvorsorge definiert werden. › Abb. 52

Für die Durchführung einer Sozialraumanalyse gibt es keine allgemein gültige Methode, es sind zwei verschiedene Fragestellungen und damit zwei methodischen Vorgehensweisen möglich:

_ Welche räumlichen Ausdehnungsbereiche haben bestimmte Bevölkerungsmerkmale?
_ Welche spezifischen Bevölkerungsmerkmale hat ein bestimmter räumlicher Ausdehnungsbereich?

In der Praxis beobachten Stadtverwaltungen fortlaufend die Bevölkerungsstruktur und deren Entwicklung innerhalb der Stadtgrenzen.

› 📎

Methodisches
Vorgehen

Rückgriff auf
bestehende Aus-
wertungen

66

Abb.53:
Das Untersuchungsgebiet und statistische Erhebungsräume haben meistens unterschiedliche Ausdehnungsbereiche.

Im Regelfall werden dabei administrative Grenzen zur Festlegung statistischer Erhebungsräume verwendet. Das Untersuchungsgebiet einer Stadtanalyse hat jedoch meist nicht den räumlichen Ausdehnungsbereich eines bestehenden statistischen Erhebungsraums. Der Rückgriff auf bestehende statistische Beobachtungen liefert daher nur ein ungenaues Bild von der Situation innerhalb des Untersuchungsgebiets. › Abb. 53 Eine auf das Untersuchungsgebiet bezogene Analyse macht eine Datenabfrage bei der zuständigen Erhebungsbehörde notwendig. Dabei ist eine frühzeitige Absprache über die Datenverfügbarkeit, technische Durchführung und den Datenschutz erforderlich.

Art und Umfang
der Erhebungs-
merkmale

› 📖

Die einfachste Form der Sozialraumanalyse ist die Erfassung der Anzahl der Einwohner. Durch Ermittlung der Einwohnerbestände an fortlaufenden Stichtagen kann die Einwohnerentwicklung erfasst werden.

Durch Bezug der Einwohnerzahl auf Raumeinheiten lassen sich spezifische Dichten bestimmen, z.B. die Siedlungsdichte (Einwohneranzahl pro Hektar besiedelte Fläche) oder die Belegungsziffer (durchschnittliche Einwohnerzahl pro Wohnung).

📖

\\ Hinweis:
Für die Erhebung und Auswertung von Bevölkerungsdaten steht ein großes Spektrum an Auswertungsmethoden zur Verfügung (siehe weiterführende Literatur im Anhang).

📖

\\ Hinweis:
Neben der Einwohnerentwicklung kann das Verhältnis der Fort- und Zuzüge in Bezug auf den Einwohnerbestand (Fluktuation) ein Bild von der Bindungskraft des Untersuchungsgebiets geben.

Je nach Untersuchungsansatz und Leistungsfähigkeit der zuständigen Erhebungsbehörde kann die im Untersuchungsgebiet wohnende Bevölkerung auf unterschiedliche Merkmale hin untersucht werden. Relevant können Merkmale wie Alter, Geschlecht, Familienstand, Anzahl der Kinder, Geburten, Sterbefälle, Staatsangehörigkeit, Zu- und Fortzüge sowie der Bezug von Hilfen der Wohlfahrtspflege sein. Räumliche Merkmale sind z.B. Anzahl der Wohnungen, Wohnungsgrößen und Gebäudealter.

Erst durch die Analyse eines längeren Zeitraums werden Entwicklungstendenzen sichtbar, deshalb sollten die aufgeführten Merkmale auf mehrere Stichtage bezogen sein.

Räumlicher Maßstab der Erhebungsmerkmale

Die ungleiche Verteilung verschiedener Bevölkerungsgruppen im städtischen Raum setzt sich auch auf der Mikroebene fort, also auf der räumlichen Ebene einzelner Straßenzüge oder Baufelder. Verfügt ein Untersuchungsgebiet über Teilräume mit unterschiedlichen städtebaulichen Strukturen, kann erst eine kleinräumige Sozialraumanalyse Wechselwirkungen zwischen sozialen und räumlichen Merkmalen aufzeigen. Damit sind zwei Vorgehensweisen möglich:

1. Alle Merkmale beziehen sich auf das Untersuchungsgebiet als Gesamterhebungsraum. Diese Erhebungen werden dann mit anderen Erhebungsräumen verglichen.
2. Das Untersuchungsgebiet wird den erhobenen Merkmalen nach räumlich differenziert, d.h., es wird festgestellt, welche Merkmalsausprägungen in welchen Teilräumen des Untersuchungsgebiets vorhanden sind.

> 🔖

Vergleichsdaten

Um die Situation innerhalb des Untersuchungsgebiets mit anderen Erhebungsräumen (z.B. Stadtteil, Gesamtstadt, Land) vergleichen zu können, wird gewöhnlich auf Daten übergeordneter Institutionen zurückgegriffen. Der Rückgriff auf unterschiedliche Datenquellen birgt jedoch die

🔖

\\Hinweis:
Beim Bezug der Daten von der zuständigen Erhebungsbehörde ist vorab festzulegen, mit welchem Raumbezug die verschiedenen Merkmale geliefert werden können. Daten mit kleinräumigem Raumbezug erfordern besondere Sorgfalt im Umgang zum Schutz persönlicher Daten: Je kleiner der Erhebungsraum, umso größer ist die Gefahr, dass Merkmale einzelnen Personen zugeordnet werden können (siehe Abb. 54).

	0-25%
	>25-50%
	>50-75%
	>75-100%

Abb.54:
Kleinräumige Analyse demografischer Merkmale

Gefahr, dass die erhobenen Merkmale nicht mit den gleichen Methoden gewonnen wurden und daher gar nicht vergleichbar sind.

Schluss-
folgerung   Aus den Erhebungen werden in der Regel bestimmte Rückschlüsse auf die soziale Situation der im Untersuchungsgebiet lebenden Menschen gezogen sowie auf die Wechselwirkung der sozialen Situation mit den räumlichen Bedingungen. Eine einfache Kopplung von Befund und Bedeutung birgt die Gefahr falscher Interpretationen, weil Rückschlüsse aus einzelnen Merkmalen nur bedingt möglich sind. So kann z.B. eine hohe Einwohner-Fluktuation Anzeichen für die geringe Bindungskraft und damit geringe Identifikation der Einwohner mit ihrem Quartier darstellen. Sie kann im Falle eines vorrangig von Studenten bewohnten Quartiers aber auch eine ganz gewöhnliche Erscheinung sein. Interpretationen müssen daher die Wechselwirkung zwischen mehreren Merkmalen und zwischen Merkmal und Funktionsbestimmung des Erhebungsraums berücksichtigen. Hierzu eignen sich besonders Überlagerungen mit den Ergebnissen der Bau- und Siedlungsstrukturanalyse sowie der Nutzungsstrukturanalyse. Aber auch das Expertenwissen der örtlichen Akteure und Bewohner sollte genutzt werden. › Kap. Durchführung, Arbeit im Analysegebiet

Soziale Segregation, also die räumliche Entmischung der Bevölkerungsstruktur, steht im Widerspruch zum Leitziel sozial durchmischter Bevölkerungsstrukturen. Im Zuge der sozialen Ausdifferenzierung werden sich jedoch immer Quartiere mit spezifischen sozialen Milieus, d.h. mit Menschen vergleichbaren Lebensstils, herausbilden. Eine solche Entwicklung ist nicht zwangsläufig problematisch, weil soziale Milieus den Zugang zu bestimmten sozialen Netzwerken erleichtern können. Durch die räumliche Konzentration sozialer Extreme besteht jedoch die Gefahr einer sozialen Gettoisierung. Sie meint die Massierung negativer Extreme in einem Quartier und damit die Isolierung und Abkoppelung der Einwohner von den gesellschaftlichen Erhaltungs- und Modernisierungsgeschehen. Diese Bereiche müssen von der Sozialraumanalyse erkannt werden.

INTERPRETATION UND ILLUSTRATION

In der Regel werden Auswertungen zunächst innerhalb der verschiedenen sektoralen Analysen durchgeführt. In einem zweiten Schritt werden dann Wechselbeziehungen zwischen den verschiedenen Systematiken betrachtet.

Eine Bewertung innerhalb der einzelnen sektoralen Analysen ist vergleichsweise einfach, weil anhand standardisierter Werte Vergleiche gezogen werden können. Meist wird eine Bewertung unter den Gesichtspunkten von Struktur und Funktion vorgenommen.

WECHSELWIRKUNGEN DER SEKTORALEN ANALYSEERGEBNISSE

Das Zusammenspiel der räumlichen, funktionalen und sozialen Belange ist eine Bedingung für das Erleben bzw. Entstehen von Stadt. Gleichzeitig sind konkurrierende Ansprüche an den Stadtraum Ursache für viele städtische Fehlfunktionen und damit Konflikte. Die Unterscheidung von Bedingung und Konflikt ist eine wesentliche Leistung der Stadtanalyse. Die Erfassung aller Wechselwirkungen ist weder für eine Gesamtstadt noch für ein teilstädtisches Untersuchungsgebiet möglich. Damit gibt auch dieser Arbeitsschritt der Stadtanalyse Stadt lediglich als abstraktes Modell wieder.

Sektorale Analysen

Eine Bewertung innerhalb der sektoralen Analysen erfolgt in der Regel als Ursache-Folge-Schema: Was ist Ursache – was sind die Folgen einer Rahmenbedingung? Viele Bewertungen sind aber erst bei Betrachtung der Wechselwirkungen zwischen den verschiedenen sektoralen Belangen erkennbar. So kann beispielsweise durch eine Verkehrsstrukturanalyse erkannt werden, dass die Leistungsfähigkeit einer Straße erhöht werden muss. Bei Berücksichtigung anderer sektoraler Belange – z.B. der Lage der Straße in einem Wohngebiet – kann diese Forderung unter Umständen nicht aufrechterhalten werden.

Überlagerung der sektoralen Analysen

Durch die Überlagerung sektoraler Analysen können bestimmte Bedarfe und damit die Über- und Unterversorgung eines Untersuchungsgebiets mit bestimmten Funktionen bestimmt werden. Die meisten dieser Belange machen eine Einbeziehung der Gebiete außerhalb des Untersuchungsgebiets erforderlich. Typische Bedarfsbestimmungen sind:

_ Siedlungsdichte und Versorgung mit Erholungsflächen
_ Einwohnerzahl und Versorgung mit Wohnfolge-Einrichtungen wie z.B. Versorgungseinrichtungen des täglichen Bedarfs

ABSCHLIESSENDE BEWERTUNG

Funktionsbestimmung des Untersuchungsgebiets

Die abschließende Bewertung muss immer auf den Anlass der Stadtanalyse zurückführen. › Kap. Durchführung, Vorbereitung und Programmstellung Es muss also entweder die eingangs gestellte Fragestellung beantwortet werden, oder es muss ein umfassendes Bild von der Situation im Untersuchungsgebiet geliefert werden. Bei Beantwortung der eingangs gestellten Fragestellung wird meist die Funktionsbestimmung des Untersuchungsgebiets nicht in Frage gestellt, sie dient vielmehr als Bewertungsmaßstab, ob eine konkrete Entwicklung für das Untersuchungsgebiet verträglich ist. So kann z. B. beantwortet werden, welche Nutzung für ein Grundstück vor dem Hintergrund der städtebaulichen Einbindungssituation geeignet ist. Soll hingegen die Gesamtsituation dargestellt werden, ohne dass die Stadtanalyse mit einer spezifischen Fragestellung begonnen wurde, müssen Stärken und Chancen auf der einen sowie Schwächen und Gefahren des Untersuchungsgebiets auf der anderen Seite herausgestellt werden. Bei Abwägung dieser Belange kann dem Untersuchungsgebiet hierbei eine neue Funktionsbestimmung zugewiesen werden. In beiden Fällen muss also die Funktionsbestimmung des Untersuchungsgebiets berücksichtigt werden. Unter Funktionsbestimmung versteht man die Hauptrolle und damit den Bewertungsmaßstab eines Gebiets im gesamtstädtischen Kontext. Demnach kann ein Gebiet z. B. die Funktion eines reinen Wohnquartiers haben, es kann aber auch – wenn es entsprechend ausgestattet ist – Versorgungsfunktionen für die Gesamtstadt übernehmen. Die Funktion muss im gesamtstädtischen Kontext bestimmt werden, indem die Merkmale des Untersuchungsgebiets in Relation zu den Strukturmerkmalen der Stadt gebracht werden.

Stärken - gute Erschließung - viele Grünflächen - kulturelle Vielfalt	**Schwächen** - Versorgunglücken - Lärmbelastung - Leerstände
Chancen - Wohnstandort für junge Familien - Umnutzung von leeren Gebäuden	**Gefahren** - Zunahme Leerstand - Verschlechterung Image

Abb.55:
Anordnung der Positiv- und Negativfaktoren in einer Bewertungsmatrix

Abb. 56:
Plangrafische Darstellung der Positiv- und Negativfaktoren

Bei der abschließenden Bewertung der Fehlfunktionen kann zwischen einer Funktions- und einer Substanzschwäche des Untersuchungsgebiets unterschieden werden. Eine <u>Funktionsschwäche</u> liegt vor, wenn das Untersuchungsgebiet in der Erfüllung seiner eigentlichen Funktionsbestimmung erheblich beeinträchtigt ist. Eine <u>Substanzschwäche</u> liegt wiederum vor, wenn die konkrete Beschaffenheit des Untersuchungsgebiets gesunde Wohn- und Arbeitsverhältnisse nicht gewährleistet oder die Sicherheit der im Gebiet wohnenden und arbeitenden Menschen nicht gegeben ist. Substanzschwächen können sich auch auf Teilbereiche des Untersuchungsgebiets beziehen.

Chancen und Gefahren weisen über den Ist-Zustand hinaus, d.h., es werden in Kenntnis der Analyseergebnisse denkbare Entwicklungsverläufe des Untersuchungsgebiets in der Zukunft aufgezeigt. Besonders die räumlichen Veranlagungen des Untersuchungsgebiets müssen diese Perspektiven begründen. Chancen können z. B. die Umnutzung bestehender Brachen zu öffentlichen Grünflächen oder die Nutzung leer stehender Gebäude für neue Wohnformen sein. Gefahren können die Verstetigung negativer Trends sowie das Einsetzen städtebaulicher Fehlentwicklungen sein.

Bewertungs-
matrix und
plangrafische
Darstellung

Zur Veranschaulichung dieser Aspekte werden in der Praxis zwei Methoden verwendet:

1. Darstellung einer Bewertungsmatrix, also die Anordnung der Positiv- und Negativfaktoren in einer Tabelle. In dieser Tabelle kann eine Reihenfolge und damit eine Gewichtung der verschiedenen Aspekte zum Ausdruck kommen. > Abb. 55

2. Plangrafische Darstellung der Positiv- und Negativfaktoren. Hier wird die räumliche Relevanz der Aspekte besonders deutlich. › Abb. 56

ÜBERGANG ZU NACHFOLGENDEN HANDLUNGSSCHRITTEN

Wenn die Stadtanalyse ein Gesamtbild des Untersuchungsgebiets aufzeigen soll, wird in Abwägung aller Analyseergebnisse abschließend ein Entwicklungsleitbild entworfen. Da starre Handlungsansätze aufgrund der vielen Rahmenbedingungen in der Praxis oft nicht direkt umsetzbar sind, empfiehlt sich folgendes Vorgehen:

1. Festlegung eines Entwicklungsleitbildes für das Untersuchungsgebiet
2. Skizzierung mehrerer alternativer Handlungsansätze bzw. Entwicklungsszenarien

Leitbild

Das Leitbild liefert als strategisches Oberziel eine Orientierung für alle weiteren Entwicklungsschritte. Dabei können einzelne Entwicklungsmaßnahmen oder Maßnahmenbündel je nach Machbarkeit realisiert werden, ohne dass das Leitbild aus den Augen verloren wird. Vor dem Hintergrund der Analyseergebnisse wird das Leitbild entlang von drei Spielregeln entwickelt: › Abb. 57

_ Deskriptiv bzw. analytisch: Aufzeigen der weiteren Entwicklung aufgrund ermittelter Tendenzen
_ Zielbezogen bzw. normativ: Ausrichtung von Handlungserfordernissen aufgrund wünschenswerter Ziele
_ Initial bzw. auffordernd: Ermittlung von Faktoren, die als Initialzündung bei der weiteren Entwicklung fungieren sollen

Damit gehen von der Stadtanalyse und ihren Leitzielen drei unterschiedliche Wirkungen auf die weitere Entwicklung des Untersuchungsgebiets aus:

1. Aktive und aktivierende Wirkung:
_ Vorbereitung eines Vorhabens, z.B. Machbarkeitsprüfung
_ Überleitung in ein Handlungskonzept oder in eine Rahmenplanung
_ Aufzeigen von Potenzialen
_ Akquirierung von Fördergeldern

2. Steuernde Wirkung:
_ Aufzeigen von Spielregeln für den Fall, dass ein Vorhaben realisiert wird
_ Wenn-dann-Option

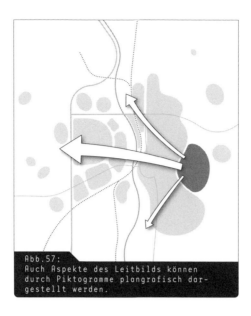

3. Konservative bzw. passive Wirkung:

_ Verhinderung von Fehlentwicklungen

_ Sicherung vorhandener Potenziale

ILLUSTRATION DER ANALYSEERGEBNISSE

Kartografische
Darstellungen

Neben textlichen Ausführungen sollten Auswertungen und Interpretationen möglichst plangrafisch dargestellt werden, um die räumliche
Relevanz der verschiedenen Aspekte zu veranschaulichen. Alle Analyseergebnisse werden in maßstäblichen Karten verortet und bestimmten Werten
zugeordnet, die in einer Legende erläutert werden. Je nach Detaillierungsgrad empfiehlt sich eine Gliederung der aufgenommenen Eigenschaften in
Haupt- und Unterkategorien. Die Legendenstruktur sollte diese Gliederung
wiedergeben, indem alle einer Hauptkategorie zugeordneten Unterkategorien einem Farbspektrum – z.B. rotes Farbspektrum – zugeordnet werden.
Die Darstellung im Plan oder in der Karte entsprechend der standardisierten Legende erfolgt je nach Darstellungsintention in den Umrissen der
Gebäude, der Flurstücke oder der Baufelder. › Abb. 58

Während formelle Planwerke klare Vorgaben bei der Verwendung
von Planzeichen machen, gibt es bei Stadtanalysen keine standardisierten
Planzeichen. Die grafische Aufbereitung und damit Lesbarkeit der Analyseergebnisse ist eine wesentliche Leistung der Stadtanalyse.

Maßstäblichkeit
der Darstellung

Die Größe des Untersuchungsgebiets sowie der Detaillierungsgrad
der Analyse machen bei der kartografischen Darstellung der Analyseer-

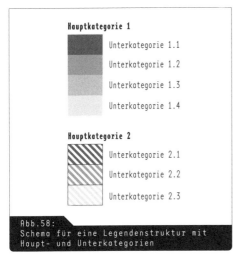

Hauptkategorie 1

Unterkategorie 1.1

Unterkategorie 1.2

Unterkategorie 1.3

Unterkategorie 1.4

Hauptkategorie 2

Unterkategorie 2.1

Unterkategorie 2.2

Unterkategorie 2.3

Abb.58:
Schema für eine Legendenstruktur mit
Haupt- und Unterkategorien

Abb.59:
Piktogramme verdeutlichen wichtige
Strukturmerkmale

gebnisse die Wahl unterschiedlicher Maßstäbe erforderlich. Hier ist maßgebend, welches stadträumliche Element die kleinste Bestimmungs- bzw. Raumeinheit darstellt.

Gesamtstädtische Analysen haben meist Baufelder oder Quartiere als kleinste Raumeinheit. Hier finden Maßstäbe zwischen 1:20000 und 1:5000 Verwendung. Kartengrundlage sind häufig topografische Karten.

Untersuchungen auf Stadtteilebene enthalten in der Regel Informationen zu einzelnen Gebäuden oder Flurstücken. Hier eignen sich Darstellungen in den Maßstäben 1:2000 bis 1:1000. Kartengrundlage ist in den meisten Fällen die Liegenschaftskarte.

Kleinräumige Untersuchungen (z.B. einzelne Baufelder oder Straßenzüge) werden in Karten mit Maßstäben von 1:500 bis 1:200 dargestellt.

Skizzen und
Piktogramme

Zur Illustration der wichtigsten Interpretationen bieten sich abstrakte Skizzen oder Piktogramme an. Durch Reduzierung dieser Darstellungen auf wesentliche Strukturmerkmale werden die Interpretationen und ihre räumliche Relevanz besonders plastisch. › Abb. 59

Darstellung
statistischer
Analysen

Statistische Analysen können sich auf das Untersuchungsgebiet als Gesamtgegenstand beziehen, sie können diesen Gesamtgegenstand mit anderen Zählräumen vergleichen, oder sie treffen Aussagen zu einzelnen Teilräumen des Untersuchungsgebiets.

Für die Bearbeitung statistischer Daten werden in der Regel Tabellenkalkulationsprogramme verwendet. Diese Programme umfassen Werkzeuge zur Darstellung der Statistiken als Diagramme. Wird das Untersuchungsgebiet lediglich als ein statistischer Erhebungsraum ausgewertet, reichen in der Regel diese Werkzeuge zur Illustration der Auswertungen

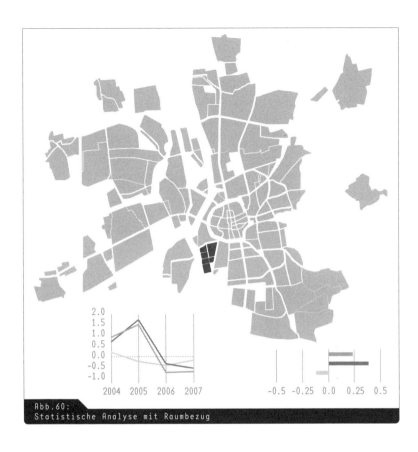

Abb.60:
Statistische Analyse mit Raumbezug

aus. Wird das Untersuchungsgebiet kleinräumig untersucht und damit in mehrere Zahlräume unterteilt, werden Karten mit der Kennzeichnung dieser Zahlräume unverzichtbar. Meist werden die Auswertungen einer standardisierten Werteskala zugeordnet und einer Legende entsprechend in eine Karte übertragen. › Abb. 60

Abb.61:
Abweichungen bei der Wahrnehmung des Untersuchungsgebiets müssen bei
jeder Stadtanalyse berücksichtigt werden.

SCHLUSSWORT

Stadtanalysen sind nicht die Summe mehrerer Einzelanalysen, sondern sie integrieren verschiedene Analyseebenen zu einem Gesamtbild. Damit ist nicht die Detailtiefe einzelner sektoraler Belange für die Qualität einer Stadtanalyse entscheidend, sondern das Aufzeigen des Zusammenspiels aller Aspekte im konkreten Untersuchungsgebiet. Das Gesamtbild wird erst bei Betrachtung der Wechselbeziehungen zwischen den einzelnen sektoralen Belangen erkennbar, es entscheidet letztendlich über die Realitätsnähe der Stadtanalyse.

Umfängliche Datensammlungen zu einzelnen Belangen können den Blick auf Wechselbeziehungen versperren. Bereits bei der Durchführung der sektoralen Analysen muss daher abgeschätzt werden, welche Detaillierungsgrade bei der abschließenden Betrachtung überhaupt verarbeitet werden können. Im Zuge der Digitalisierung raum- und einwohnerbezogener Materialien sind heute sehr viele Daten vergleichsweise schnell verfügbar. Um das Entstehen großer, zusammenhangsloser Datenansammlungen zu verhindern, ist die Überprüfung dieser Daten auf ihre Relevanz vor der Nutzung bzw. Auswertung unbedingt notwendig. Diese Abschätzung erfordert Erfahrung und die Besinnung auf den Zweck und die Ziele der jeweiligen Stadtanalyse.

Durch Stadtanalysen wird ein abstraktes, modellhaftes Bild der städtischen Wirklichkeit geschaffen. Es soll die Vorlage für weitere Handlungsschritte bei der städtebaulichen Entwicklung des Untersuchungsgebiets liefern. Gleichwohl weicht das Bild oft deutlich von der Wahrnehmung der unmittelbar Betroffenen ab, weil Stadtanalysen Aspekte wie die emotionale Bindung und soziale Gewohnheiten nur unzureichend ermitteln können. Unterschiedliche Wahrnehmungen des Untersuchungsgebiets sind unvermeidbar. Diese Tatsache muss bei allen der Stadtanalyse nachfolgenden Handlungsschritten berücksichtigt werden.

Stadtanalysen, die sich intensiv mit den Anliegen der Einwohner auseinandersetzen, bilden den Grundstein für eine erfolgreiche Zusammenarbeit zwischen Einwohnern, Verwaltung und den sonstigen Akteuren des städtischen Lebens. Im Rahmen einer Stadtentwicklung, die sich zukünftig besonders auf Bereiche bereits bestehender Stadtstrukturen beziehen muss, wird damit ein wichtiger Beitrag zur nachhaltigen Stadtentwicklung geleistet.

ANHANG

LITERATUR

Christopher Alexander, Sara Ishikawa, Murray Silverstein: *Eine Muster-Sprache*, hrsg. von Hermann Czech, Löcker Verlag, Wien 1995

Ariane Bischoff, Klaus Selle, Heidi Sinning: *Informieren, Beteiligen, Kooperieren. Kommunikation in Planungsprozessen. Eine Übersicht zu Formen, Verfahren, Methoden und Techniken*, Dortmunder Vertrieb für Bau- und Planungsliteratur, Dortmund 1996

Lucius Burckhardt: *Die Kinder fressen ihre Revolution. Wohnen-Planen-Bauen-Grünen*, hrsg. von Bazon Brock, DuMont Buchverlag, Köln 1985

Carl Fingerhuth: *Learning from China. Das Tao der Stadt*, Birkhäuser Verlag, Basel 2004

Dieter Frick: *Theorie des Städtebaus. Zur baulich-räumlichen Organisation von Stadt*, Wasmuth Verlag, Tübingen 2006

Hartmut Häussermann, Walter Siebel: *Stadtsoziologie. Eine Einführung*, Campus Verlag, Frankfurt a. M. 2004

Vittorio Magnago Lampugnani, Matthias Noell (Hrsg.): *Handbuch zum Stadtrand. Gestaltungsstrategien für den suburbanen Raum*, Birkhäuser Verlag, Basel 2007

Kevin Lynch: *Das Bild der Stadt*, Bauwelt-Fundamente Bd. 16, Birkhäuser Verlag, Basel 2001

Franz Oswald, Peter Baccini: *Netzstadt. Einführung in das Stadtentwerfen*, Birkhäuser Verlag, Basel 2003

Erich Raith: *Stadtmorphologie. Annäherung, Umsetzung, Aussichten*, Springer Verlag, Wien 2000

Joachim Ritter: *Landschaft. Zur Funktion des Ästhetischen in der modernen Gesellschaft*, Aschendorff Verlag, Münster 1963

Hans Sachsse: *Naturerkenntnis und Wirklichkeit*, Vieweg Verlag, Braunschweig 1967

Bernhard Schäfers: *Stadtsoziologie. Stadtentwicklung und Theorien – Grundlagen und Praxisfelder*, VS Verlag, Wiesbaden 2006

Thomas Sieverts: *Zwischenstadt. Zwischen Ort und Welt, Raum und Zeit, Stadt und Land*, Bauwelt-Fundamente Bd. 118, Birkhäuser Verlag, Basel 2000

Michael Urban, Ulrich Weiser: *Kleinräumige Sozialraumanalyse. Theoretische Grundlagen und praktische Durchführung*, Saxonia Verlag, Dresden 2006

BILDNACHWEIS

Abbildung 7:	© kittel+partner, Dresden. Motiv: Kaufhaus Peek & Cloppenburg im Zentrum der Stadt Chemnitz
Abbildung 9 (l.):	Grafik: G. Schwalbach. Quelle: Die Stadt Göttingen im Mittelalter, Karte 2 aus O. Fahlbusch: *Die Topografie der Stadt Göttingen*, Göttingen 1962
Abbildung 9 (M.):	G. Schwalbach. Quelle: GOETTINGA, urbs munitissima et splendida ..., Stadtplan von Matthias Seutter, Kupferstich um 1750. Grafische Gestaltung der Vorlage: Atelier K.-H. Fehrecke, im Auftrag der Stadt Göttingen, Bauverwaltung, 1. Ausgabe 1971
Abbildung 9 (r.):	Grafik: G. Schwalbach. Quelle: Plan Stadtbauamt Göttingen 1893. Grafische Gestaltung der Vorlage: Atelier K.-H. Fehrecke, im Auftrag der Stadt Göttingen, Bauverwaltung, 1. Ausgabe 1971
Abbildungen 10, 48:	Pesch & Partner. Architekten+Stadtplaner, Herdecke/Stuttgart: Gestaltungsfibel und -satzung Innenstadt Coesfeld, Herdecke 2006
Abbildungen 19, 21:	© Geobasisdaten Land NRW, Bonn
Abbildung 20:	© Stadt Dortmund, Vermessungs- und Katasteramt, Lizenz-Nr.: 0901250
Abbildung 22:	© ESRI Geoinformatik GmbH
Abbildung 23:	colibri X7 protect, © Mettenmeier GmbH, D-Paderborn
Abbildung 24:	Flächennutzungsplan der Stadt Drolshagen in der Fassung der 11. Änderung, Drolshagen 2009
Abbildungen 29, 31, 33, 35, 39, 40, 42:	Pesch & Partner. Architekten+Stadtplaner, Herdecke/Stuttgart: Vorbereitende Untersuchungen und städtebaulicher Rahmenplan Remscheid-Rosenhügel, Herdecke 2005
Abbildung 30:	Übersichtskarte der Gemeinde Remscheid, ca. 1868, Deutsches Werkzeugmuseum/Historisches Zentrum Remscheid
Abbildung 37:	Pesch & Partner. Architekten+Stadtplaner, Herdecke/Stuttgart: Vorplanung Horster Straße in Gelsenkirchen, Herdecke 2002
Abbildungen 41, 49, 54:	Schwalbach, G./Universität Siegen: Untersuchung zu den Auswirkungen des demografischen Wandels auf die Entwicklung von Drolshagen und seiner Dörfer, Siegen 2009, Kartengrundlage Katasteramt Kreis Olpe
Abbildungen 44, 56:	Pesch & Partner. Architekten+Stadtplaner, Herdecke/Stuttgart: Städtebauliche Rahmenplanung Mittlerer Bruchweg in Recklinghausen, Herdecke 2003

Abbildung 45:   Rüdiger Brosk, Essen

Abbildung 46:   Pesch & Partner. Architekten+Stadtplaner, Herdecke/
                   Stuttgart: Leitbild 2020: Göttingen stellt sich der Zu-
                   kunft, Göttingen/Herdecke 2007 (Stadt Göttingen, FD
                   Bodenordnung, Vermessung u. Geoinformation AZ:
                   622371)

Abbildungen 47,   Pesch & Partner. Architekten+Stadtplaner, Herdecke/
52, 57, 59:   Stuttgart: Leitbild 2020: Göttingen stellt sich der Zu-
                   kunft, Göttingen/Herdecke 2007

Alle anderen Grafiken und Abbildungen stammen vom Autor.

DER AUTOR
Gerrit Schwalbach, Dipl.-Ing. Architekt, wissenschaftlicher Mitarbeiter am Lehrgebiet Stadtplanung und Planungsgeschichte, Fachbereich Architektur und Städtebau der Universität Siegen

Reihenherausgeber: Bert Bielefeld
Konzeption: Bert Bielefeld, Annette Gref
Layout und Covergestaltung: Muriel Comby

Bibliografische Information der Deutschen Nationalbibliothek.
Die Deutsche Nationalbibliothek verzeichnet diese Publikation in der Deutschen Nationalbibliografie; detaillierte bibliografische Daten sind im Internet über http://dnb.ddb.de abrufbar.

Dieses Buch ist auch in englischer Sprache (ISBN 978-3-7643-8938-3) erschienen.

© 2009 Birkhäuser Verlag AG
Basel · Boston · Berlin
Postfach 133, CH-4010 Basel, Schweiz
Ein Unternehmen der Fachverlagsgruppe Springer Science+Business Media

Gedruckt auf säurefreiem Papier, hergestellt aus chlorfrei gebleichtem Zellstoff. TCF ∞
Printed in Germany

ISBN 978-3-7643-8937-6
9 8 7 6 5 4 3 2 1   www.birkhauser.ch